AF366492

THERÈSE

PHILOSOPHE.

TOME PREMIER.

THÉRÈSE

PHILOSOPHE ,

OU

MÉMOIRES

Pour servir a l'Histoire de D. DIRRAG *et de M*lle ERADICE.

Nouvelle Edition, augmentée d'un plus grand nombre de Figures que toutes les précédentes.

TOME PREMIER.

A LONDRES.

—

M. DCC. XCVI.

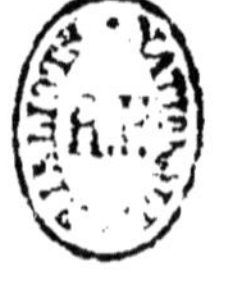

THERÈSE

PHILOSOPHE,

O U

MÉMOIRE

Pour servir à l'Histoire de D. Dirrag
et de Mademoiselle Eradice.

Quoi, Monsieur, sérieusement vous voulez que j'écrive mon histoire? Vous désirez que je vous rende compte des scènes mystiques de Mademoiselle Eradice avec le très-révérend Père Dirrag; que je vous informe des aventures de Madame C.... avec l'Abbé T....? Vous demandez, d'une fille qui n'a jamais écrit, des détails qui exigent de l'ordre dans les matières?

Tome I.   A

Vous désirez un tableau où les scènes dont je vous ai entretenu, ou celles dont nous avons été acteurs, ne perdent rien de leur lasciveté ; que les raisonnemens métaphysiques conservent toute leur énergie ? En vérité, mon cher Comte, cela me paraît au-dessus de mes forces. D'ailleurs Éradice a été mon amie ; le Père Dirrag fut mon directeur ; je dois des sentimens de reconnaissance à Madame C… et à l'Abbé T…. Trahirai-je la confiance des gens à qui j'ai les plus grandes obligations, puisque ce sont les actions des uns et les sages réflexions des autres, qui, par gradation, m'ont désillé les yeux sur les préjugés de ma jeunesse ; mais si l'exemple, dites-vous, et le raisonnement ont fait votre bonheur, pourquoi ne pas tâcher de contribuer à celui des autres par les mêmes voies, par l'exemple et par le raisonnement ? Pourquoi craindre d'écrire des vérités utiles au bien de la société ? Eh bien !

mon cher bienfaiteur, je ne résiste plus : écrivons ; mon ingénuité me tiendra lieu d'un style épuré chez les personnes qui pensent, et je crains peu les sots. Non, vous n'essuyerez jamais un refus de votre tendre Thérèse : vous verrez tous les replis de sa plus tendre enfance : son ame toute entière va se développer dans les détails des petites aventures qui l'ont conduite, comme malgré elle, pas à pas, au comble de la volupté.

Imbécilles mortels ! vous croyez être maître d'éteindre les passions que la Nature a mises dans vous ! Elles sont l'ouvrage de Dieu. Vous voulez les détruire, ces passions, et les restreindre à de certaines bornes. Hommes insensés ! vous prétendez donc être des seconds créateurs plus puissans que le premier ? Ne verrez-vous jamais que tout est ce qu'il doit être, et que tout est bien ; que tout est de Dieu, rien de vous, et qu'il est aussi difficile de

créer une pensée, que de créer un bras
ou un œil ?

Le cours de ma vie est une preuve incontestable de ces vérités. Dès ma plus
tendre enfance, on ne m'a parlé que d'a-
mour pour la vertu, et d'horreur pour le
vice. « Vous ne serez heureuse, me disait-
» on, qu'autant que vous pratiquerez les
» vertus chrétiennes et morales. Tout ce
» qui s'en éloigne est le vice ; le vice nous
» attire le mépris, et le mépris engendre
» la honte et le remords, qui en sont une
» suite. » Persuadée de la solidité de ces
leçons, j'ai cherché de bonne foi, jusqu'à
l'âge de vingt-cinq ans, à me conduire
d'après ces principes : nous allons voir
comment j'ai réussi.

Je suis née dans la province de Vencerop. Mon père était un bon Bourgeois,
Négociant de...., petite ville jolie, où
tout inspire la joie et le plaisir ; la galan-

terie semble y former seule tout l'intérêt de la société. On y aime dès qu'on pense, et on n'y pense que pour se faciliter les moyens de gouter les douceurs de l'amour. Ma mère, qui était de...., ajoutait à la vivacité de l'esprit des femmes de cette province, voisine de celle de Vencerop, l'heureux tempérament d'une voluptueuse Vencéropale. Mon père et ma mère vivaient avec économie d'un revenu modique et du produit de leur petit commerce. Leurs travaux n'avaient pu changer l'état de leur fortune : mon père payait une jeune veuve, marchande dans son voisinage, sa maîtresse : ma mère était payée par son amant, gentilhomme fort riche, qui avait la bonté d'honorer mon père de son amitié. Tout se passait avec un ordre admirable : on savait à quoi s'en tenir de part et d'autre, et jamais ménage ne parut plus uni.

Après dix années, écoulées dans un

arrangement si louable , ma mère devint enceinte; elle accoucha de moi. Ma naissance lui donna une incommodité qui fut peut-être plus terrible pour elle, que ne l'eût été la mort même. Un effort, dans l'accouchement , lui causa une rupture qui la mit dans la dure nécessité de renoncer pour toujours aux plaisirs qui m'avaient donné l'existence.

Tout changea de face dans la maison paternelle. Ma mère devint dévote, le Père Gardien des Capucins remplaça les visites assidues de M. le Marquis de★^★ , qui fut congédié. Le fonds de tendresse de ma mère ne fit que changer d'objet ; elle donna à Dieu par nécessité, ce qu'elle avait donné au Marquis par goût et par tempérament.

Mon père mourut, et me laissa au berceau. Ma mère , je ne sais par quelle raison , fut s'établir à Volnet , port de mer célèbre. De la femme la plus galante, elle était devenue la plus sage , et peut-être la plus vertueuse qui fut jamais.

J'avais à peine sept ans , lorsque cette tendre mère , sans cesse occupée du soin de ma santé et de mon éducation , s'aperçut que je maigrissais à vue-d'œil ; un habile Médecin fut appelé pour être consulté sur ma maladie ; j'avais un appétit dévorant, point de fièvre ; je ne ressentais aucune douleur : cependant, ma vivacité se perdait, mes jambes pouvaient à peine me porter. Ma mère, craintive pour mes jours, ne me quitta plus et me fit coucher avec elle. Que fut sa surprise, lorsque une nuit, me voyant endormie , elle s'aperçut que j'avais la main sur la partie qui nous distingue des hommes, où, par un frottement bénin, je me procurais des plaisirs peu connus d'une fille de sept ans, et très-commun parmi celles de quinze. Ma mère pouvait à peine croire ce qu'elle voyait. Elle lève doucement la couverture et le drap ; elle apporte une lampe qui était allumée dans la chambre, et, en femme prudente et connaisseuse, elle attend constamment le dénouement de mon action. Il fut tel qu'il devait être ; je m'agitai, je tressaillis, et le plaisir m'éveilla.

Ma mère, dans le premier mouvement, me gronda de la bonne sorte ; elle me demanda de qui j'avais appris les horreurs dont elle venait d'être témoin ? Je lui répondis, en pleurant, que j'ignorais en quoi j'avais pu la fâcher ; que je ne savais ce quelle voulait me dire par les termes d'ATTOUCHEMENT, d'IMPUDICITÉ, de PÉCHÉ MORTEL, dont elle se servait. La naïveté de mes réponses la convainquit de mon innocence, et je me rendormis ; nouveaux chatouillemens de ma part, nouvelles plaintes de celle ma mère. Enfin, après quelques nuits d'observation attentive, on ne douta plus que ce fût la force de mon tempérament qui me faisait faire, en dormant, ce qui sert à soulager

tant de pauvres Religieuses en veillant.
On prit le parti de me lier étroitement les
mains, de manière qu'il me fût impossible
de continuer mes amusemens nocturnes.

Je recouvrai bientôt ma santé et ma
première vigueur. L'habitude se perdit,
mais le tempérament augmenta. A l'âge
de neuf à dix ans, je sentais une inquié-
tude, des désirs dont je ne connaissais pas
le but. Nous nous assemblions souvent,
de jeunes filles et de jeunes garçons de mon
âge, dans un grenier, ou dans quelque
chambre écartée. Là . nous jouions à de
petits jeux : un d'entre nous était élu le
maître d'école, la moindre faute était
punie par le fouet. Les garçons défaisaient
leurs culottes, les filles troussaient jupes
et chemises, on se regardait attentivement ; vous eussiez-vu cinq à six petits
culs admirés, caressés et fouettés tour-à-
tour. Ce que nous appelions LA GUIGUI
des garçons nous servait de jouet ; nous

passions et repassions cent fois la main
dessus, nous la pressions à pleine main,
nous en faisions des poupées, nous bai-
sions ce petit instrument, dont nous étions
bien éloignées de connaître l'usage et le
prix; nos petites fesses étaient baisées à
leur tour, il n'y avait que le centre des
plaisirs qui était négligé; pourquoi cet
oubli, je l'ignore; mais tels étaient nos
jeux, la simple Nature les dirigeait, une
exacte me le dicte.

Après deux années passées dans ce liber-
tinage innocent, ma mère me mit dans
un couvent, j'avais alors environ onze
ans. Le premier soin de la Supérieure fut
de me disposer à faire ma première con-
fession. Je me présentai à ce tribunal sans
crainte, parce que j'étais sans remords.
Je débitai au vieux Gardien des Capucins,
directeur de conscience de ma mère, qui
m'écoutait, toutes les fadaises, les péca-
dilles d'une fille de mon âge. Après m'être
accusée des fautes dont je me croyais cou-

pable : « Vous serez un jour une sainte,
» me dit ce bon Père, si vous continuez
» de suivre, comme vous avez fait, les
» principes de vertu que votre mère vous
» inspire ; évitez sur-tout d'écouter le
» démon de la chair ; je suis le confesseur
» de votre mère, elle m'avait alarmé sur
» le goût qu'elle vous croit pour l'impu-
» reté, le plus infâme des vices ; je suis
» bien aise qu'elle se soit trompée dans
» les idées qu'elle avait conçues de la ma-
» ladie que vous avez eue il y a quatre
» ans ; sans ses soins, mon cher enfant,
» vous perdiez votre corps et votre ame.
» Oui, je suis certain, présentement, que
» les attouchemens dans lesquels elle vous
» a suprise n'étaient pas volontaires, et
» je suis convaincu qu'elle s'est trompée
» dans la conclusion qu'elle en a tirée
» pour votre salut. »

Alarmée de ce que me disait mon confesseur, je lui demandai ce que j'avais
donc fait, qui eût pu donner à ma mère

une si mauvaise idée de moi? Il ne fit aucune difficulté de m'apprendre, dans les termes les plus mesurés, ce qui s'était passé, et les précautions que ma mère avait prises pour me corriger d'un défaut dont il était à désirer, disait-elle, que je ne connusse jamais les conséquences.

Ces réflexions m'en firent faire insensiblement sur nos amusemens du grenier dont je viens de parler. La rougeur me couvrit le visage, je baissai les yeux comme une personne honteuse, interdite, et je crus apercevoir, pour la première fois, du crime dans nos plaisirs. Le Père me demanda la cause de mon silence et de ma tristesse; je lui dis tout. Quels détails n'exigea-t-il pas de moi? Ma naïveté sur les termes, sur les attitudes et sur le genre des plaisirs dont je convenais, servit encore à le persuader de mon innocence. Il blâma ces jeux avec une prudence peu commune aux Ministres de l'Eglise; mais ses expressions désignèrent assez l'idée qu'il concevait de mon tempérament. Le jeûne, la prière, la méditation, le cilice furent les armes dont il m'ordonna de combattre par la suite mes passions.

» Ne portez jamais, me dit-il, la main » ni même les yeux sur cette partie infâme » par laquelle vous pissez, qui n'est autre » chose que la pomme qui a séduit Adam, » et qui a opéré la condamnation du » genre humain par le péché originel; » elle est habitée par le démon ; c'est son » séjour, c'est son trône ; évitez de vous » laisser surprendre par cet ennemi de » Dieu et des hommes. La Nature cou- » vrira bientôt cette partie d'un vilain » poil, tel que celui qui sert de couver- » ture aux bêtes féroces, pour marquer » par cette punition, que la honte, l'obs- » curité et l'oubli doivent être son par- » tage. Gardez-vous encore avec plus de » précaution, de ce morceau de chair

B*

» des jeunes garçons de votre âge, qui
» faisait votre amusement dans ce gre-
» nier, c'est le serpent, ma fille, qui
» tenta Eve, notre mère commune. Que
» vos regards et vos attouchemens ne
» soient jamais souillés par cette vilaine
» bête, elle vous piquerait et vous dévo-
» rerait infailliblement tôt ou tard ».

Quoi! serait-il bien possible, mon père,
repris-je toute émue, que ce soit là un
serpent, et qu'il soit aussi dangereux que
vous le dites? Hélas! il m'a paru si doux!
il n'a mordu aucune de mes compagnes,
je vous assure qu'il n'avait qu'une très-
petite bouche et point de dents, je l'ai
bien vu....

» Allons, mon enfant, dit mon confes-
» seur, en m'interrompant, croyez ce que
» je vous dis : les serpens que vous avez
» eu la témérité de toucher étaient encore
» trop jeunes, trop petits, pour opérer les
» maux dont ils sont capables; mais ils

» s'alongeront, ils grossiront, ils s'élan-
» ceront contre vous : c'est alors que
» vous devez redouter l'effet du venin
» qu'ils ont coutume de darder avec une
» sorte de fureur, et qui empoisonnerait
» votre corps et votre âme ».

Enfin, après quelqu'autre leçon de cette
espèce, le bon père me congédia, en me
laissant dans une étrange perplexité. Je
me retirai dans ma chambre, l'imagination frappée de ce que je venais d'entendre, mais bien plus affectée de l'idée de
l'aimable serpent que de celle des remon-
trances et des menaces qui m'avaient été
faites à son sujet. Néanmoins j'exécutai
de bonne foi ce que j'avais promis ; je
résistai aux offres de mon tempérament,
et je devins un exemple de vertu.

Que de combats, mon cher Comte , il
m'a fallu rendre jusqu'à l'âge de vingt-
cinq ans, tems auquel ma mère me retira
de ce maudit couvent ! J'en avais à peine

seize, lorsque je tombai dans un état de langueur qui était le fruit de mes méditations ; elles m'avaient fait apercevoir sensiblement deux passions dans moi, qu'il m'était impossible de concilier. D'un côté j'aimais Dieu de bonne foi, je désirais de tout mon cœur de le servir de la manière dont on m'assurait qu'il voulait être servi. D'autre côté, je sentais des desirs violens dont je ne pouvais démêler le but. Ce serpent charmant se peignait sans cesse dans mon âme, et s'y arrêtait malgré moi, soit en s'éveillant, ou en dormant. Quelquefois, toute émue, je croyais y porter la main, je le caressais, j'admirais son air noble, altier, sa fermeté, quoique j'en ignorasse encore l'usage ; mon cœur battait avec une vîtesse étonnante, et dans la force de mon extase ou de mon rêve, toujours marqué par un frémissement de volupté, je ne me connaissais presque plus, ma main se trouvait saisie de la pomme, mon doigt remplaçait le serpent.

Excitée par les avant-coureurs du plaisir, j'étais incapable d'aucune autre réflexion; l'Enfer entr'ouvert sous mes yeux n'aurait pas eu le pouvoir de m'arrêter : remords impuissans ! je mettais le comble à la volupté

Que de trouble ensuite ! le jeûne , le cilice, la méditation , étaient ma ressource : je fondais en larmes. Ces remèdes , en détraquant la machine , me guérirent à la vérité tout à coup de ma passion ; mais ils ruinèrent ensemble mon tempérament et ma santé : je tombai enfin dans un état de langueur , qui me conduisait visiblement au tombeau , lorsque ma mère me retira du couvent.

Répondez , théologiens fourbes ou ignorans , qui créez nos crimes à votre gré : qui est-ce qui avait mis en moi les deux passions dont j'étais combattue , l'amour de Dieu et celui du plaisir de la chair ? Est-ce la Nature ou le Diable ? optez. Mais oseriez-vous avancer que

l'un et l'autre soient plus puissans que
Dieu ? S'ils lui sont subordonnés , c'est
donc Dieu qui avait permis que ces passions fussent en moi ; c'était son ouvrage.
Mais , repliquerez-vous , Dieu vous a
donné la raison pour vous éclairer. Oui ;
mais non pas pour me décider. La raison
m'avait bien fait apercevoir les deux
passions dont j'étais agitée : c'est par elle
que j'ai conçu par la suite , que tenant
tout de Dieu , je tenais de lui ces passions
dans toute la force où elles étaient ; mais
cette même raison qui m'éclairait , ne
me décidait point. Dieu cependant , con-
tinuerez-vous , vous ayant laissé maîtresse de votre volonté , vous étiez libre
de vous déterminer pour le bien ou pour
le mal ? Pur jeu de mots. Cette volonté
et cette prétendue liberté n'ont de degrés
de foree , n'agissent que conséquemment
aux degrés de force des passions et des appétits qui nous sollicitent. Je parais par
exemple , être libre de me tuer , de me

jeter par la fenêtre. Point du tout ; dès que l'envie de vivre est plus forte en moi que celle de mourir, je ne me tuerai jamais. Tel homme, direz-vous, est bien le maître de donner aux pauvres, à son indulgent confesseur, cent louis d'or qu'il a dans sa poche. Il ne l'est point ; l'envie qu'il a de conserver son argent étant plus forte que celle d'obtenir une absolution inutile de ses péchés, il gardera nécessairement son argent. Enfin, chacun peut se démontrer à soi-même, que la raison ne sert qu'à faire connaître à l'homme quel est le degré d'envie qu'il a de faire ou d'éviter telle ou telle chose, combiné avec le plaisir et le déplaisir qui doit lui en revenir. De cette connaissance acquise par la raison, il en résulte ce que nous appelons la VOLONTÉ, la DÉTERMINATION. Mais cette volonté et cette détermination sont aussi parfaitement soumises aux degrés de passions ou de desir qui nous agitent, qu'un poids de quatre

livres détermine nécessairement le côté
d'une balance qui n'a que deux livres à
soulever dans son autre bassin.

Mais, me dira un raisonneur qui n'a-
perçoit que l'écorce, ne suis-je pas libre
de boire à mon dîner une bouteille de
vin de Bourgogne ou de champagne ? Ne
suis-je pas le maître de choisir pour ma
promenade, la grande allée des Tuileries,
ou la terrasse des Feuillans ?

Je conviens que dans tous les cas où
l'ame est dans une indifférence parfaite
sur sa détermination ; que dans les circonstances où les desirs de faire telle ou
telle chose sont dans une balance égale,
mais dans un juste équilibre. nous ne
pouvons pas apercevoir ce défaut de liberté : c'est un lointain dans lequel nous
ne discernons plus les objets ; mais rap-
prochons-les un peu de ces objets, nous
apercevrons bientôt distinctement le
mécanisme des actions de notre vie, et
dès que nous en connaîtrons une, nous

les connaîtrons toutes , puisque la Nature n'agit que par un même principe.

Notre raisonneur se met à table , on lui sert des huîtres ; ce mets le détermine pour le vin de Champagne. Mais , dira-t-on, il était libre de choisir le Bourgogne. Je dis que non : il est bien vrai qu'un autre motif, qu'une autre envie , plus puissante que la première , pouvait le déterminer à boire de ce dernier vin : eh! bien, en ce cas, cette dernière envie aurait également contraint sa prétendue liberté.

Notre même raisonneur , en entrant aux Tuileries , aperçoit une jolie femme de sa connaissance sur la terrasse des Feuillans ; il se détermine à la joindre, à moins que quelqu'autre raison d'intérêt ou de plaisir ne le conduise dans la grande allée. Mais, de quelque côté qu'il choisisse ce sera toujours une raison, un desir, qui le décidera invinciblement à prendre l'un ou l'autre parti qui contiendra sa volonté

Pour admettre que l'homme fût libre,

il faudrait supposer qu'il se déterminât par lui-même; mais s'il est déterminé par les degrés de passion dont la nature et les sensations l'affectent, il n'est pas libre ; un degré de desir plus ou moins vif le décide aussi invinciblement, qu'un poids de quatre liv. en entraîne un de trois.

Je demande encore à mon dialogueur, qu'il me dise qu'est-ce qui l'empêche de penser comme moi sur la matière dont il s'agit ici , et pourquoi je ne veux pas me déterminer à penser comme lui sur cette même matière. Il me répondra sans doute que ses idées , ses notions, ses sensations le contraignent de parler comme il fait. Mais de cette réflexion qui lui démontre intérieurement qu'il n'est pas maître d'avoir la volonté de penser comme moi, ni moi de penser comme lui, il faut bien qu'il convienne que nous ne sommes pas libres de penser de telle ou telle manière. Or, si nous ne sommes pas libres de penser, comment serions-nous libres d'agir , puisque la pensée est la cause, et que l'action n'est que l'effet ; et peut-il résulter un effet LIBRE d'une cause qui n'est pas LIBRE ? Cela implique contradiction.

Pour achever de nous convaincre de cette vérité, aidons-nous du flambeau de l'expérience. Grégoire, Damon et Philinte, sont trois frères, qui ont été élevés par les mêmes Maîtres, jusqu'à l'âge de vingt-cinq ans ; ils ne se sont jamais quittés, ils ont reçu la même éducation, les mêmes leçons de morale, de religion. Cependant Grégoire aime le vin, Damon aime les femmes, Philinte est dévôt. Qui est-ce qui a déterminé les trois différentes volontés de ces trois frères ? Ce ne peut être ni l'acquit, ni la connaissance du bien et du mal moral, puisqu'ils n'ont reçu que les mêmes préceptes par les mêmes maîtres ; chacun d'eux avait donc en lui différens principes, différentes passions, qui ont décidé ces diverses volontés, malgré l'uniformité des connais-

sances acqnises. Je dis plus : Grégoire ,
qui aimait le vin , était le plus honnête
homme , le plus sociable , le meilleur
ami lorsqu'il n'avait pas bu ; mais dès
qu'il avait goûté de cette liqueur enchan-
teresse , il devenait médisant , calomnia-
teur , querelleur , il se serait coupé la
gorge par goût avec son meilleur ami.
Or Grégoire était-il maître de ce chan-
gement de volonté qui se faisait tout-à-
coup dans lui ? Non certainement , puisque de sang-froid il détestait les actions
qu'il avait été forcé de commettre dans le
vin. Quelques sots cependant, admiraient
l'esprit de continence dans Grégoire , qui
n'aimait pas les femmes ; la sobriété de
Damon , qui n'amait point le vin ; et la
piété de Philinte , qui n'amait ni les femmes ni le vin , mais qui jouissait du même
plaisir que les deux premiers , par son
goût pour la dévotion. C'est ainsi que la
plupart des hommes sont dupes de l'idée
qu'ils ont des vices et des vertus humaines.

Concluons. L'arrangement des organes, les dispositions des fibres, un certain mouvement des liqueurs, donnent le genre des passions ; les degrés de force dont elles nous agitent, contraignent la raison, déterminent la volonté dans les plus petites comme dans les plus grandes actions de notre vie. C'est ce qui fait l'homme passionné, l'homme sage, l'homme fou. Le fou n'est pas moins libre que les deux premiers, puisqu'il agit par les mêmes principes ; la Nature est uniforme. Supposer que l'homme est libre, et qu'il se détermine par lui-même, c'est le faire égal à Dieu.

Revenons à ce qui me regarde. J'ai dit qu'à vingt-trois ans ma mère me retira presque mourante du couvent où j'étais. Toute la machine languissait, mon teint était jaune, mes lèvres livides ; je ressemblais à un squelette vivant. Enfin, la dévotion allait me rendre homicide de moi-

même, lorsque je rentrai dans la maison
de ma mère. Un habile médecin, envoyé
de sa part à mon couvent, avait connu
d'abord le principe de ma maladie. Cette
liqueur divine, qui nous procure le seul
plaisir physique, le seul qui se goute sans
amertume; cette liqueur, dis—je, dont
l'écoulement est aussi nécessaire à certains tempéramens, que celui qui résulte
des alimens qui nous nourrissent, avait
reflué des vaisseaux qui lui sont propres,
dans d'autres qui lui étaient étrangers;
ce qui avait jeté le désordre dans toute
la machine.

On conseilla à ma mère de me chercher
un mari, comme le seul remède qui put
me sauver la vie. Elle m'en parla avec
douceur; mais infatuée que j'étais de mes
préjugés, je lui répondis, sans ménage-
ment, que j'aimais mieux mourir que de
déplaire à Dieu par un état aussi méprisa-
ble, qu'il ne tolérait que par un effet de

sa bonté. Tout ce qu'elle pût me dire, ne m'ébranla point; la nature affaiblie ne me laissait aucune espèce des désirs pour ce monde , je n'envisageois que le bonheur qu'on m'avait promis dans l'autre.

Je continuais donc mes exercices de piété avec toute la ferveur imaginable. On m'avait beaucoup parlé du fameux Père Dirrag; je voulais le voir, il devint mon directeur; et Mademoiselle Eradice, sa plus tendre pénitente, fut bientôt ma meilleure amie.

Vous connaissez, mon cher Comte , l'histoire de ces deux célèbres personnages; je n'entreprends point de vous répéter tout ce que le public en sait et en a dit; mais un trait singulier, dont j'ai été témoin , pourra vous amuser, et servir à vous convaincre que s'il est vrai que Mademoiselle Eradice se soit enfin livrée avec connaissance de cause aux embrassemens de ce caffard , il est du moins certain qu'elle a été long-temps la dupe de sa sainte 'ubricité.

Mademoiselle Eradice avait pris 'pour moi l'amitié la plus tendre , elle me confiait ses plus secrètes pensées ; la conformité d'humeur , de pratiques de piété , peut-être même de tempérament , qui était entre nous , nous rendait inséparables. Toutes deux vertueuses, notre passion dominante était d'avoir la réputation d'être saintes, avec une envie démesurée de parvenir à faire des miracles. Cette passion la dominait si puissamment , qu'elle eût souffert avec une constance, digne des martyrs, tous les tourmens imaginables , si on lui eût persuadé qu'ils pouvaient lui fait ressusciter un second Lazare ; et le Père Dirrag avait , par-dessus tout , le talent de lui faire croire tout ce qu'il voulait.

Eradice m'avait dit plusieurs fois, avec une sorte de vanité, que ce Père ne se

communiquait tout entier qu'à elle seule;
que dans les entretiens particuliers qu'ils
avaient souvent ensemble , chez elle , il
l'avaient assurée qu'elle n'avait plus que
quelques pas à faire pour parvenir à la
sainteté; que Dieu le lui avait ainsi révélé
dans un songe , par lequel il avait connu
clairement qu'elle était à la veille d'opérer les plus grands miracles, si elle continuait de se laisser conduire par les degrés
de vertu et de mortification nécessaires.

La jalousie et l'envie sont de tous les
états, celui de dévote en est peut-être le
plus susceptible.

Eradice s'aperçut que j'étais jalouse de
son bonheur , et que même je paraissais
ne pas ajouter foi à ce qu'elle me disait.
Effectivement, je lui témoignais d'autant
plus de surprise de ce qu'elle m'apprenait
de ses entretiens particuliers avec le Père
Dirrag , qu'il avait toujours éludé d'en
avoir de semblables avec moi dans la mai-

son d'une de ses pénitentes, mon amie, qui était stigmatisée, ainsi qu'Eradice. Sans doute que ma triste figure, et que mon teint jaunâtre n'avaient pas paru au révérend Père, être pour lui un restaurant propre à exciter le goût nécessaire à ses travaux spirituels. J'étais piquée au jeu, point de stigmates, point d'entretien particulier pour moi ! Mon humeur perça, j'affectai de paraître ne rien croire.

Eradice, d'un air ému, m'offrit de me rendre, dès le lendemain matin, témoin oculaire de son bonheur. Vous verrez, me dit-elle avec feu, quelle est la force de mes exercices spirituels, par quels degrés de pénitence le bon Père me conduit à devenir une grande sainte ; et vous ne douterez plus des extases, des ravissemens, qui sont une suite de ces mêmes exercices. Que mon exemple, ma chère Thérèse, ajouta-t-elle en se radoucissant, ne peut-il opérer dans vous, pour premier miracle,

la force de détacher entièremeut votre
esprit de la matière par la grande vertu
de la méditation, pour ne le mettre
qu'en Dieu seul !

Je me rendis le lendemain à 5 heures
du matin, chez Eradice, comme nous en
étions convenues. Je la trouvai en prière,
un livre à la main. Le saint homme va
venir, me dit-elle, et Dieu avec lui : ca-
chez-vous dans ce petit cabinet, d'où vous
pourrez entendre et voir jusqu'où la bonté
divine veut bien s'étendre en faveur de
sa vile créature, par les soins de notre
directeur. Un instant après, on frappa
doucement à la porte. Je me sauvai dans
le cabinet, dont Eradice prit la clef. Un
trou large comme la main, qui était dans
la porte de ce cabinet, couverte d'une
vieille tapisserie de Bergame, très-claire,
me laissait voir librement la chambre en
son entier, sans risquer d'être aperçue.

Le bon Père entra. « Bon jour, ma

» chère sœur en Dieu , lui dit-il. Que le
» Saint-Esprit et S. François soient avec
» vous ! » Elle voulut se jeter à ses pieds ,
mais il la releva et la fit asseoir auprès
de lui. « Il est nécessaire, lui dit le saint
» homme, que je vous répète les princi-
» pes sur lesquels vous devez vous guider
» dans toutes les actions de votre vie :
» mais parlez moi, auparavant, de vos
» stigmates ; celui que vous avez sur la
» poitrine est-il toujours dans le même
» état ? Voyons un peu. Eradice se mit
» d'abord en devoir de découvrir son
» teton gauche, au-dessus duquel il était.
» Ah ! ma sœur , arrêtez : couvrez votre
» sein avec ce mouchoir, (il lui en
» tendait un) ; de pareilles choses ne
» sont pas faites pour un membre de
» notre société : il suffira que je voie la
» plaie que Saint François y a imprimée :
» ah ! il subsiste. Bon, dit-il, je suis con-
» tent. Saint François vous aime tou-

» jours ; la plaie est vermeille et pure :
» j'ai eu soin d'apporter encore avec moi
» le saint morceau de cordon ; nous en
» aurons besoin à la suite de nos exer-
» cices. Je vous ai déjà dit, ma sœur,
» continua-t-il, que je vous distinguais de
» toutes mes pénitentes, vos compagnes,
» parce que je vois que Dieu vous distin-
» gue lui-même de son saint troupeau,
» comme le soleil est distingué de la lune
» et des autres planettes. C'est pour cette
» raison que je n'ai pas craint de vous
» révéler ses mystères les plus cachés. Je
» vous l'ai dit, ma chère sœur, OBULIEZ-
» VOUS ET LAISSEZ FAIRE. Dieu ne veut
» des hommes que le cœur et l'esprit.
» C'est en oubliant le corps qu'on parvient
» à Dieu, à devenir sainte, à opérer des
» miracles. Je ne puis vous dissimuler,
» mon petit ange, que dans notre dernier
» exercice, je me suis aperçu que votre
» esprit tenait encore à la chair. Quoi !

» ne pouvez - vous imiter en partie ces
» bienheureux martyrs , qui ont été fla-
» gellés , tenaillés , rôtis, sans souffrir
» la moindre douleur, parce que leur ima-
» gination était tellement occupée de la
» gloire de Dieu , qu'il n'y avait dans eux
» aucune particule d'esprit qui ne fût
» employée à cet objet? C'est un méca-
» nisme certain, ma chère fille, nous sen-
» tons, et nous n'avons d'idée du bien et
» du mal physique, comme du bien et du
» mal moral , que par la voie des sens.
» Dès que nous touchons , que nous en-
» tendons , que nous voyons, etc. un
» objet, des particules d'esprits se cou-
» lent dans les petites cavités des nerfs
» qui vont en avertir l'âme. Si vous avez
» assez de ferveur pour rassembler, par la
» force de la méditation sur l'amour que
» vous devez à Dieu, toutes les particu-
» les d'esprits qui sont en les appliquant
» toutes à cet objet, il est certain qu'il

» n'en restera aucune pour avertir l'âme
» des coups que votre chair recevra ; vous
» ne les sentirez pas. Voyez ce chasseur,
» l'imagination remplie du plaisir de for-
» cer le gibier qu'il poursuit, ils ne sent
» ni les ronces , ni les épines dont il est
» déchiré en perçant les forêts. Plus fai-
» ble que lui , dans un objet mille fois
» plus intéressant, sentirez-vous de fai-
» bles coups de discipline , si votre âme
» est fortement occupée du bonheur qui
» vous attend ? Telle est la pierre de
» touche qui nous conduit à faire des mi-
» racles ; tel doit être l'état de réflexion
» qui nous unit à Dieu. Nous allons com-
» mencer, ma chère fille : remplissez vos
» devoirs , et soyez sûre qu'avec l'aide du
» cordon de S. François , et votre médi-
» tation , ce pieux exercice finira par un
» torrent de délices inexprimables. Met-
» tez-vous à genoux : mon enfant , et dé-
» couvrez ces parties de la chair , qui
» sont le motif de la colère de Dieu :

» la mortification qu'elles éprouveront
» unira intimement votre esprit a lui.
» Je vous le répète , oubliez-vous , et
» laissez faire ».

Mademoiselle Eradice obéit aussi-tôt
sans réplique. Elle se mit à genoux sur
un prie-dieu , un livre devant elle : puis
levant ses jupes et sa chemise jusqu'à la
ceinture , elle laissa voir des fesses blanches comme la neige et d'un ovale parfait,
soutenues de deux cuisses d'une propor-
tion admirable. Levez plus haut votre
chemise , lui dit-il, elle n'est pas bien :
là ; c'est ainsi. Joignez présentement les
mains et élevez votre ame à Dieu , remplissez votre esprit de l'idée du bonheur,
éternel qui vous est promis. Alors le Père
approcha un tabouret sur lequel il se mit
à genoux derrière et un peu à côté d'elle.
Sous sa robe, qu'il releva et qu'il passa
dans sa ceinture , était une grosse et longue poignée de verges , qu'il présenta à
baiser à sa pénitente.

Attentive à l'événement de cette scène, j'étais remplie d'une sainte horreur; je sentais une sorte de frémissement que je ne puis écrire. Eradice ne disait mot. Le Père parcourait, avec des yeux pleins de feu, les fesses qui lui servaient de perspective ; et comme il avait ses regards fixés sur elles, j'entre oüis qu'il disait à basse voix, d'un ton d'admiration : ah! la belle gorge! quels tetons charmans! Puis il se baissait, se relevait par intervalles, en marmottant quelques versets : rien n'échappait à sa lubricité, Après quelques minutes, il demanda à sa pénitente si son ame était en contemplation ? Oui, mon très-révérend Père, lui dit-elle ; je sens que mon esprit se détache de la chair, et je vous supplie de commencer le saint œuvre. Cela suffit, reprit le Père, votre esprit va être content. Il récita encore quelques prières, et la cérémonie commença par trois

coups de verges qu'il lui appliqua assez légérement sur le derrière. Ces trois coups
furent suivis d'un verset qu'il récita , et
successivement de trois autres coups de
verges, un peu plus forts que les premiers.

Après cinq à six versets récités et in-
terrompus par une sorte de diversion ,
quelle fut ma surprise , lorsque je vis le
Père Dirrag , déboutonnant sa culotte ,
donner l'essort à un trait enflammé, qui
était semblable à ce serpent fatal qui
m'avait attiré les reproches de mon ancien directeur ! Ce monstre avait acquis
la longueur, la grosseur et la fermeté prédi-
dite par le Capucin ; il me faisait frisson-
ner. Sa tête rubiconde paraissait menacer
les fesses d'Eradice, qui étaient devenues
du plus bel incarnat : le visage du Père
était tout en feu. Vous devez être présentement, dit-il, dans l'état le plus parfait de contemplation : votre ame doit
être détachée des sens. Si ma fille ne

trompe pas mes saintes espérances, elle
ne voit plus, n'entend plus, ne sent plus.
Dans ce moment, ce bourreau fit tomber
une grêle de coups sur toutes les parties
du corps d'Eradice, qui étaient à décou-
vert. Cependant elle ne disait mot, elle
semblait être immobile, insensible à ces
terribles coups, et je ne distinguais simp-
plement dans elle qu'un mouvement con-
vulsif de ses deux fesses, qui se serraient
à chaque instant. Je suis content de vous,
lui dit-il, après un quart d'heure de cette
cruelle discipline : il est temps que vous
commenciez à jouir du fruit de vos saints
travaux : ne m'écoutez pas, ma chère fille,
mais laissez-vous conduire : prosternez
votre face contre terre ; je vais, avec le
vénérable cordon de S. François, chasser
tout ce qui reste d'impur au-dedans de
vous.

Le bon Père la plaça, en effet, dans
une attitude humiliante, à la vérité, mais

aussi la plus commode à ses desseins.
Jamais on ne l'a présentée plus commode;
ses fesses étaient entr'ouvertes, et on
découvrait en entier la double route des
plaisirs.

Après un instant de contemplation de
la part du caffard, il humecta de salive ce
qu'il appelait le CORDON, et en proférant
quelques paroles, d'un ton qui sentait
l'exorcisme d'un prêtre qui travaille à
chasser le Diable du corps d'un démonia-
que, sa révérence commença par son intromission.

J'étais placée de manière à ne pas perdre
la moindre circonstance de cette scène ;
les fenêtres de la chambre où elle se passait faissaient face à la porte du cabinet
dans lequel j'étais renfermée. Eradice venait d'être placée à genoux sur le plancher, les bras croisés sur le marche-pied
de son prie-dieu, et la tête appuyée sur
ses bras, sa chemise, soigneusement re-

levée jusqu'à la ceinture , me faisait voir
à demi-profil , des fesses et une chute de
reins admirables. Cette luxurieuse perspective fixait l'attention du très-révérend
Père, qui s'était mis lui-même à genoux,
les jambes de sa pénitente placées entre
les siennes , ses culottes basses, son cordon à la main , marmotant quelques mots
mal articulés.

Il reste pendant quelques instans dans
cette édifiante attitude, parcourant l'autel
avec des regards enflammés, et paraissant
indécis sur la nature du sacrifice qu'il allait offrir. Deux embouchures se présen-
taient, il les dévorait des yeux , embar-
rassé sur le choix : l'une était un friand
morceau pour un homme de sa robe, mais
il avait promis du plaisir , de l'extase à
sa pénitente , comment faire? Il osa diriger plusieurs fois la tête de son instrument sur la porte favorite à laquelle il
heurtait légérement ; mais enfin la pru-

dence l'emporta sur le goût. Je lui dois
cette justice, je vis distinctement le rubicond priape de sa révérence, enfiler la
route canonique, après en avoir entr'ouvert délicatement les lèvres vermeilles
avec le pouce et l'index de chaque main.

Ce travail fut d'abord entamé par trois
vigoureuses secousses, qui en firent entrer
près de moitié ; alors, tout-à-coup, la
tranquillité apparente du Père se changea en une espèce de fureur. Quelle physionomie, bon Dieu ! Figurez-vous un
satyre, les lèvres chargées d'écume, la
bouche béante, grinçant par fois les dens,
soufflant comme un taureau qui mugit :
ses narines étaient enflées et agitées ; il
soutenait ses mains élevées à quatre doigts
de la croupe d'Eradice, sur laquelle on
voyait qu'il n'osait les appliquer pour y
prendre un point d'appui ; ses doigts écar-
tés étaient en convulsion, et se formaient
en pattes de chapon rôti. Sa tête était

baissée ; et ses yeux étincelans restaient
fixés sur le travail de la cheville ouvrière,
dont il compassait les allées et les venues,
de manière que , dans le mouvement de
rétroaction, elle ne sortit pas de son fourreau, et que , dans celui d'impulsion , son
ventre n'appuya pas aux fesses de la pénitente , laquelle , par réflexion , aurait pu
deviner où tenait le prétendu cordon.
Quelle présence d'esprit !

Je vis qu'environ la longueur d'un
travers de pouce du saint instrument fût
constamment réservée au-dehors,et n'eût
pas de part à la fête. Je vis qu'à chaque
mouvement que le croupion du Père
faisait en arrière , par lequel le cordon
se retirait de son gîte jusqu'à la tête ;
les lèvres de la partie d'Eradice s'entr'ou-
vraient, et paraissaient d'un incarnat si
vif , qu'elles charmaient la vue. Je vis
que , lorsque le Père par un mouvement
opposé , poussait en avant , ces mêmes

lèvres , dont on ne voyait plus alors que
le petit poil noir qui le couvrait , serraient si exactement la flèche qui y semblait comme engloutie , qu'il eût été difficile de deviner auquel des deux acteurs
appartenait cette cheville par laquelle
ils paraissaient l'un et l'autre également
attachés.

Quelle méchanique ! quel spectacle,
mon cher Comte , pour une fille de mon
âge , qui n'avait aucune connaissance de
ce genre de mystère ! Que d'idées différentes me passèrent dans l'esprit , sans
pouvoir me fixer à aucune ; il me souvient
seulement que vingt fois je fus sur le point
de m'aller jeter aux genoux de ce célèbre
directeur, pour le conjurer de me traiter
comme mon amie. Etait-ce mouvement
de dévotion ? Etait-ce mouvement de concupiscence ? C'est ce qu'il m'est encore
impossible de pouvoir bien démêler.

Revenons à nos acolytes. Les mouvemens du Père s'accélérèrent; il avait peine à garder l'équilibre. Sa posture était telle qu'il formait à peu près, de la tête aux genoux, une S, dont le ventre allait et venait horisontalement aux fesses d'Eradice. La partie de celle-ci, qui servait de canal à la cheville ouvrière, dirigeait tout le travail; et deux énormes verrues qui pendaient entre les cuisses de sa révérence, semblaient en être comme les témoins. Votre esprit est-il content, ma petite Sainte, dit-il en poussant une sorte de soupir? Pour moi, je vois les cieux ouverts, la grace suffisante me transporte; je.....

Ah! mon Pére, s'écria Eradice, quel plaisir m'éguillonne! Oui, je jouis du bonheur céleste; je sens que mon esprit est entièrement détaché de la ma ière: chassez, mon Père, tout ce qu'il y a d'impur dans moi. Je vois... les... an...ges; poussez plus avant...., poussez donc....

Ah !... ah !... bon... Saint François ! ne m'abandonnez pas ; je sens le cor... le cor... le cordon... Je n'en puis plus.... je me meurs...

Le Père, qui sentait également les approches du souverain plaisir, bégayait, poussait, soufflait, haletait. Enfin, les dernières paroles d'Eradice furent le signal de sa retraite : je vis le fier serpent devenu humble, rampant, sortir couvert d'écume, de son étui.

Tout fut promptement remis dans sa place, et le Père, en laissant tomber sa robe, gagna à pas chancelans le prie-dieu qu'Eradice avait quitté. Là, feignant de se mettre en oraison, il ordonna à sa pénitente de se lever, de se couvrir, puis de venir se joindre à lui, pour remercier le Seigneur des faveurs qu'elle venait d'en recevoir.

Que vous dirai-je, enfin, mon cher Comte ? Dirrag sortit ; et Eradice, qui m'ouvrit la porte du cabinet, me sauta au cou en m'abordant. Ah! ma chère Thérèse, me dit-elle, prends part à ma félicité : oui, j'ai vu le paradis ouvert; j'ai participé au bonheur des anges. Que de plaisirs, mon amie, pour un moment de peines! Par la vertu du saint cordon, mon ame était presque détachée de la matière. Tu as pu voir par où notre bon directeur l'a introduit dans moi. Eh bien! je t'assure que je l'ai senti pénétrer jusqu'à mon cœur ; un degré de ferveur de plus, n'en doute point, je passais à jamais dans le séjour des bienheureux.

Eradice me tint mille autres discours avec un ton, avec une vivacité, qui ne purent me laisser douter de la réalité du bonheur suprême dont elle avait joui. J'étais si émue, qu'à peine lui répondis-je, pour la féliciter ; mon cœur étant dans la plus vive agitation, je l'embrassai et je sortis.

Que de réflexions sur l'abus qui se fait des choses les plus respectables , établies dans la société! Avec quel art ce penaillon conduit sa pénitente à ses fins impudiques ! Il lui échauffe l'imagination sur l'envie d'être sainte; il lui persuade qu'on n'y parvient qu'en détachant l'esprit de la chair. De-là il la conduit à la nécessité d'en faire l'épreuve par une vigoureuse discipline: cérémonie qui était sans doute un restaurant du goût du caffard , propre à réveiller l'élasticité usée de son nerf érecteur. « Vous ne devez rien sentir, » lui dit-il, rien voir, rien entendre , si » votre contemplation est parfaite ».

Par ce moyen, il s'assure qu'elle ne tournera pas la tête , qu'elle ne verra rien de son impudicité. Les coups de fouet qu'il lui applique sur les fesses , attirent les esprits dans le quartier qu'il doit attaquer: ils l'échauffent; et enfin la ressource qu'il s'est préparée par le cordon de Saint

François, qui, par son intromission , doit chasser tout ce qui reste d'impur dans le corps de·sa pénitente , le fait jouir sans crainte des faveurs de sa docile prosélyte; elle croit tomber dans une extase divine , purement spirituelle, lorsqu'elle jouit des plaisirs de la chair les plus voluptueux.

Toute l'Europe a su l'aventure du Père Dirrag et de Mademoiselle Eradice, tout le monde en a raisonné , mais peu de personnes ont connu réellement le fond de cette histoire, qui était devenue une affaire de partie entre le M... et le J... Je ne répéterai point ici ce qui en a été dit ; toutes les procédures vous sont connues , vous avez vu les FACTUMS, les écrits qui ont paru de part et d'autre , et vous savez quelle en a été la suite. Voici le peu que j'en sais par moi-même , au-delà du fait dont je viens de vous rendre compte.

Mademoiselle Eradice est à peu près

de mon âge. Elle est née à Volnot , fille
d'un Marchand , auprès duquel ma mère
se logea lorsqu'elle alla s'établir dans cette
ville. Sa taille est bien prise , et sa peau
d'une beauté singulière, blanche à ravir:
ses cheveux étaient noirs comme jay ; de
très-beaux yeux , un air de vierge. Nous
avons été amies dans l'enfance ; mais,
lorsque je fus mise au couvent, je la perdis de vue. Sa passion dominante était de
se distinguer de ses compagnes , de faire
parler d'elle. Cette passion , jointe à un
grand fonds de tendresse, lui fit choisir le
parti de la dévotion , comme le plus propre à son projet. Elle aima Dieu comme
on aime son amant. Dans le temps que je
la trouvai, pénitente du Père Dirrag, elle
ne parlait que de méditation, de contemplation , d'oraisons ; c'était alors le style
de la gent mystique de la ville , et même
de la province. Ses manières modestes lui
avaient acquis depuis long-temps la réputation d'une haute vertu. Eradice avait

de l'esprit, mais elle ne l'appliquait qu'à parvenir à satisfaire l'envie démesurée qu'elle avait de faire des miracles ; tout ce qui flattait cette passion , devenait pour elle une vérité incontestable. Tels sont les faibles humains : la passion dominante dont chacun d'eux est affecté , absorbe toujours toutes les autres ; ils n'agissent qu'en conséquence de cette passion ; elle leur empêche d'apercevoir les notions les plus claires qui devraient servir à la détruire.

Le P. Dirrag était né à Lôde. Lors de son aventure, il avait environ cinquante-trois ans, son visage était tel que celui que nos Peintres donnent aux satyres. Quoiqu'excessivement laid, il avait quelque chose de spirituel dans la physionomie. La paillardise, l'impudicité, étaient peintes dans ses yeux : dans ses actions , il ne paraissait occupé que du salut des ames et de la gloire de Dieu. Il avait beaucoup de talens pour la chaire ; ses

exhortations, ses discours, étaient pleins
de douceur, d'onction. Il avait l'art de
persuader. Né avec beaucoup d'esprit, il
l'employait tout entier à acquérir la réputation de Convertisseur ; et en effet,
un nombre considérable de femmes et de
filles du monde, ont embrassé le parti de
la pénitence sous sa direction.

On voit que la ressemblance des carac-
tères et des vues de ce Père et de Mademoiselle Eradice, suffisait pour les unir.
Aussi, dès que le premier parut à Volnot,
où sa réputation était déjà parvenue avant
lui, Eradice se jeta, pour ainsi dire, dans
ses bras. A peine se connurent-ils, qu'ils
se regardèrent mutuellement comme des
sujets propres à augmenter leur gloire
réciproque. Eradice était certainement
d'abord dans la bonne foi ; mais Dirrag
savait à quoi s'en tenir : l'aimable figure
de sa nouvelle pénitente l'avait séduit ;
et il entrevit qu'il séduirait à son tour,
et tromperait facilement un cœurflexible,

tendre, rempli de préjugés, un esprit qui recevait avec la docilité et la persuasion la plus entière, le ridicule des insinuations et des exhortations mystiques. De-là il forma son plan, tel que je l'ai peint plus haut. Les premières branches de ce plan lui assuraient bien de l'amusement voluptueux, de la fustigation, et il y avait quelque temps que le bon Père en usait ainsi avec quelques autres de ses pénitentes : c'était, jusqu'alors, à quoi s'étaient bornés ses plaisirs libidineux avec elles ; mais la fermeté, le contour, la blancheur des fesses d'Eradice avaient tellement échauffé son imagination, qu'il résolut de franchir le pas.

Les grands hommes percent à travers les plus grands obstacles: celui-ci imagina donc l'introduction d'un morceau de cordon de Saint François, relique qui, par son intromission, devait chasser tout ce qui restait d'impur et de charnel dans sa pénitente, et la conduire à l'extase. Ce fut alors qu'il imagina les stigmates, imités de ceux de Saint François. Il fit venir se-crétement à Volnot une de ses anciennes pénitentes, qui avait toute sa confiance, et qui remplissait ci-devant, avec con-naissance de cause, les fonctions qu'il destinait intérieurement à Eradice. Il trouvait celle-ci trop jeune et trop en-thousiasmée de l'envie de faire des mi-racles, pour aventurer de la rendre dé-positaire de son secret.

La vieille pénitente arriva, et fit bien-tôt connaissance de dévotion avec Era-dice, à qui elle tâcha d'en insinuer une particulière pour Saint François, son patron. On composa une eau qui devait opérer des plaies imitées des stigmates ; et le Jeudi-Saint, sous le prétexte de la Scène, la vieille pénitente lava les pieds d'Eradice, et y appliqua de cette eau, qui fit son effet.

Eradice confia, deux jours après, à la vieille, qu'elle avait une blessure sur

chaque pied. Quel bonheur! quelle gloire
pour vous, s'écria celle-ci! Saint François
vous a communiqué ses stigmates, Dieu
veut faire de vous la plus grande sainte.
Voyons si, comme votre grand patron,
votre côté ne serait pas stigmatisé. Elle
porta de suite la main sous le teton gauche d'Eradice, où elle appliqua pareille-
ment de son eau; le lendemain nouveau
stigmate.

Eradice ne manqua pas de parler de ce
miracle à son directeur, qui, craignant
l'éclat, lui recommanda l'humilité et le
secret. Ce fut inutilement; la passion
dominante de celle-ci étant la vanité de
paraître sainte, sa joie perça, elle fit des
confidences; ses stigmates firent du bruit,
et toutes les pénitentes du Père voulu-
rent être stigmatisées.

Dirrag sentit qu'il était nécessaire de
soutenir sa réputation, mais en même
temps de tâcher de faire une diversion qui
empêchât les yeux du public de rester

fixés sur la seule Eradice. Quelques autres pénitentes furent donc aussi stigmatisées par les mêmes moyens : tout réussit.

Eradice cependant, se voua à S. François; son directeur l'assura qu'il avait lui-
même la plus grande confiance en son
intercession : il ajouta qu'il avait opéré
nombre de miracles par le moyen d'un
grand morceau de cordon de ce Saint,
qu'un Père de la société lui avait rapporté
de Rome, et qu'il avait chassé, par la
vertu de cette Relique, le Diable du corps
de plusieurs démoniaques, en l'introdui-
sant dans leur bouche ou dans quelque
autre conduit de la Nature, suivant
l'exigence des cas. Il lui montra enfin ce
prétendu cordon, qui n'était autre chose
qu'un assez gros morceau de corde, de 8
pouces de longueur, enduit d'un mastic
qui le rendait dur et uni. Il était recou-
vert proprement d'un étui de velours
cramoisi, qui lui servait de fourreau, en
un mot, c'était un de ces meubles de re-

ligieuse, que l'on nomme Godemichi. Sans doute que Dirrag tenait ce présent de quelque vieille Abbesse, de qui il l'avait exigé. Quoi qu'il en soit, Eradice eut bien de la peine d'obtenir la permission de baiser humblement cette relique, que le Père assurait ne pouvoir être touchée sans crime par des mains profanes.

Ce fut ainsi, mon cher Comte, que le P. Dirrag conduisit par degrés sa nouvelle pénitente à souffrir, pendant plusieurs mois, ses impudiques embrassemens, lorsqu'elle ne croyait jouir que d'un bonheur purement spirituel et céleste.

C'est d'elle que j'ai su toutes ces circonstances, quelque temps après le jugement de son procès. Elle me confia que ce fut un certain Moine (qui a joué un grand rôle dans cette affaire) qui lui dessilla les yeux. Il était jeune, beau, bien fait, passionnément amoureux d'elle, ami de son père et de sa mère, chez qui ils mangeaient souvent ensemble. Il s'attira sa confiance ; il démasqua l'impudique Dirrag ; et je compris sensiblement, à travers tout ce qu'elle me dit, qu'elle se livra alors de bonne foi aux embrassemens du luxurieux Moine: j'entrevis même que celui-ci n'avait pas démenti la réputation de son ordre, et par une heureuse conformation, comme par des leçons redoublées, il dédommagea amplement sa nouvelle prosélyte du sacrifice qu'elle lui fit des supercheries hebdomadaires de son vieux druïde.

Dès qu'Eradice eut connu l'illusion du feint cordon de Dirrag, par l'application aimable du membre naturel du Moine, l'élégance de cette démonstration lui fit sentir qu'elle avait été grossièrement dupée. Sa vanité se trouva blessée, et la vengeance la porta à tous les excès que vous avez connus, de concert avec le fier Moine, qui, outre l'esprit de parti qui l'animait, était encore jaloux des faveurs que Dirrag avait surprises à son amante.

Ses charmes étaient un bien qu'il croyait créé pour lui seul ; c'était un vol manifeste qu'il prétendait lui avoir été fait, dont il se flattait d'obtenir une punition exemplaire ; la grillade seule de son rival, qu'il méditait, pouvait assouvir son ressentiment et sa vengeance.

J'ai dit que lorsque le Père Dirrag fut sorti de la chambre de Mademoiselle Eradice, je me retirai chez moi. Dès que je fus rentrée dans ma chambre, je me prosternai à genoux, pour demander à Dieu la grace d'être traitée comme mon amie. Mon esprit était dans une agitation qui approchait de la fureur, un feu intérieur me dévorait. Tantôt assise, tantôt debout, souvent à genoux ; je ne trouvais aucune place qui pût me fixer. Je me jetai sur mon lit. L'entrée de ce membre rubicond dans la partie de Mademoiselle Eradice, ne pouvait sortir de mon imagination sans que j'y attachasse cependant aucune idée distincte de plaisir, et encore moins de crime. Je tombai enfin, dans une rêverie profonde, pendant laquelle il me sembla que ce même membre, détaché de tout autre objet, faisait son entrée dans moi par la même voie.

Machinalement, je me plaçai dans la même attitude que celle où j'avais vu Éradice, et machinalement encore, dans l'agitation qui me faisait mouvoir, je me coulai sur le ventre jusqu'à la colonne du pied de mon lit, laquelle se trouvant passée entre mes jambes et mes cuisses, m'arrêta, et servit de point d'appui à la partie où je sentais une démangeaison inconcevable. Le coup qu'elle reçut par la colonne qui la fixa, me causa une légère douleur, qui me tira de ma rêverie, sans diminuer l'excès de ma démangeaison. La position où j'étais exigeait que je levasse mon derrière pour tâcher d'en sortir; de ce mouvement que je fis en remontant, et

coulant ma MONICHE le long de la colonne, il résulta un frottement qui me causa
un chatouillement extraordinaire. Je fis
un second mouvement, puis un troisième,
etc. qui eurent une augmentation de succès : tout-à-coup j'entrai dans un redou-
blement de fureur; sans quitter ma situation, sans faire aucune espèce de réflexion,
je me mis à remuer le derrière avec une
agileté incroyable, glissant toujours le
long de la salutaire colonne. Bientôt un
excès de plaisir me transporta, je perdis
connaissance, je me pâmai et m'endor-
mis d'un profond sommeil.

Au bout de deux heures je m'éveillai,
toujours ma chère colonne entre mes cuisses, couchée sur mon ventre, mes fesses
découvertes. Cette posture me suprit ; je
ne me souvenais de tout ce qui s'était
passé, que comme on se rappelle le tableau d'un songe. Cependant, me trouvant plus tranquille, l'évacuation de la

céleste rosée me laissant l'esprit plus libre,
je fis quelques réflexions sur tout ce que
j'avais vu chez Eradice, et sur ce qui
venait de se passer dans moi, sans en pouvoir tirer aucune conclusion raisonnable.
La partie qui avait été frottée le long de
la colonne, ainsi que l'intérieur du haut
de mes cuisses qui l'avait embrassée, me
faisaient un mal cruel : j'osai y regarder,
malgré les défenses qui m'avaient été faites par mon ancien directeur de couvent;
mais jamais je n'osai me déterminer à y
porter la main, cela m'avait été trop ex-
pressément interdit.

Comme je finissais cet examen, la ser-
vante de ma mère vint m'avertir que Madame C... et M. l'Abbé T... étaient au
logis, où ils devaient dîner, et que ma
mère m'ordonnait de descendre pour leur
faire compagnie : je les joignis.

Il y avait quelque temps que je n'avais
vu Madame C... Quoiqu'elle eût bien des

bontés pour ma mère , à qui elle avait rendu de grands services , et qu'elle eût la réputation d'une femme très-pieuse , son éloignement marqué pour les maximes du Père Dirrag , pour ses exhortations mystiques , m'avaient fait cesser de la fréquenter , afin de ne pas déplaire à mon directeur : il n'était pas traitable sur l'article, et ne voulait point que son troupeau se confondît avec celui des autres directeurs, ses concurrens ; il craignait sans doute les confidences , les éclaircissemens : enfin, c'était une condition préalable, très-recommandée par sa révérence, et très-exactement observée par tout ce qui formait son troupeau.

Cependant , nous nous mîmes à table. Le dîner fut gai. Je me sentais beaucoup mieux que de coutume : ma langueur avait fait place à la vivacité ; à l'exception de maux de reins , je me trouvais toute autre. Contre l'ordinaire des repas de prétres et de dévotes, on ne médit point de son prochain à celui-ci. L'Abbé T..., qui a beaucoup d'esprit et encore plus d'acquit, nous fit mille jolis petits contes, qui, sans intéresser la réputation de personne, portèrent la joie dans les cœurs des convives.

Après avoir bu du Champagne et pris le café, ma mère me tira en particulier pour me faire de vifs reproches sur le peu d'attention que j'avais eu depuis quelques temps à cultiver l'amitié et les bonnes graces de Madame C... C'est une dame aimable, me dit-elle, à qui je dois le peu de considération dont je jouis dans cette ville : sa vertu, son esprit, ses lumières la font estimer et respecter de toutes les personnes qui la connaissent : nous avons besoin de son appui ; je désire et je vous ordonne, ma fille, de contribuer de tous vos efforts, à l'engager de nous le conserver. Je répondis à ma mère qu'elle n devait pas douter de ma soumission aveugle à ses volontés.. Hélas ! la pauvre femme ne soupçonnait guères la nature des leçons que je devais recevoir de cette dame, qui jouissait, en effet de la plus haute réputation.

Nous rejoignîmes, ma mère et moi, la compagnie. Un instant après je m'approchai de Madame C.... à qui je fis mes excuses sur mon peu d'exactitude à lui rendre mes devoirs; je la priai de me permettre de réparer cette faute : j'essayai même d'entrer dans le détail des raisons qui me l'avaient fait commettre ; mais Madame C... m'interrompit sans me permettre d'achever. Je sais, me dit-elle avec bonté , tout ce que vous voulez me dire : n'entrons pas en matière sur des sujets qui ne sont point de notre ressort : chacun croit avoir ses raisons , peut-être sont-elles bonnes; ce qui est certain, c'est que je vous verrai toujours avec grand plaisir;

et pour commencer à vous en convaincre,
ajouta-t-elle en élevant la voix, je vous
emmène ce soir souper avec moi. Vous le
voulez bien, dit-elle à ma mère ? A condition que vous serez de la partie avec
M. l'Abbé : vous avez l'un et l'autre vos
affaires, nous vous y laisserons vaquer.
Pour moi, je vais me promener avec Mademoiselle Thérèse ; vous savez l'heure
et le lieu du rendez-vous. Ma mère fut
enchantée : les maximes du Père Dirrag
n'étaient point du tout de son goût ; elle
se flatta que les maximes de Madame C...
changeraient mes dispositions pour le
quiétisme dont on le soupçonnait ; peut-
être même agissaient-elles de concert.
Quoiqu'il en soit, elles réussirent bientôt au-delà de leurs espérances.

Nous sortîmes donc, Madame C... et
moi. Mais je n'eus pas fait cent pas, que
la douleur que je ressentais devint si vive,
que j'avais peine à me soutenir. Je faisais

des contorsions horribles ; Madame C...
s'en aperçut. Qu'avez-vous, me dit-elle,
ma chère Thérèse ? Il semble que vous
vous trouviez mal. J'eus beau dire que ce
n'était rien, les femmes sont naturelle—
ment curieuses, elle me fit mille questions
qui me jetèrent dans un embarras qui ne
lui échappa point. Seriez-vous ; me dit-
elle, du nombre de nos fameuses stigmatisées ? Vos pieds ont peine à vous porter,
et vous êtes toute décontenancée. Venez,
mon enfant, dans le jardin, où vous pour—
rez vous tranquilliser : nous en étions peu
éloignées. Dès que nous y fûmes rendues,
nous nous assîmes dans un petit cabinet
charmant, qui est sur le bord de la mer.

Après quelques discours vagues, Ma—
dame C... me demanda de nouveau, si
effectivement j'avais des stigmates, et
comment je me trouvais de la direction
du Père Dirrag. Je ne puis vous cacher,
ajouta-t-elle, que je suis si étonnée de ce

genre de miracle , que je désire ardem—
ment de voir par moi-même , s'il existe
en effet : allons , ma chère petite , dit-
elle , ne me cachez rien , expliquez-moi
de quelle manière et quand ces plaies ont
paru , vous devez être assurée que je ne
n'abuserai pas de votre confiance , et je
pense que vous ne me connaissez pas
assez pour n'en pas douter.

Si les femmes sont curieuses, les femmes aiment aussi à parler : j'avais un peu
ce dernier défaut ; d'ailleurs , quelques
verres de vin de Champagne m'avaient
échauffé la tête ; je souffrais beaucoup; il
n'en fallait pas tant pour me déterminer
à tout dire, Je répondis d'abord tout na-
turellement à Madame C... que je n'avais
pas le bonheur d'être du nombre de ces
élues du Seigneur , mais que ce même
matin j'avais vu les stigmates de Mademoiselle Eradice , et que le très-révérend
P. Dirrag les avait visitées en ma présence.
Nouvelles questions empressées de la part

de Madame C... qui, de fil en aiguille, de
circonstances en circonstances, m'enga-
gea insensiblement à lui rendre compte,
non-seulement de ce que j'avais vu chez
Eradice, mais encore de ce qui m'était
arrivé dans ma chambre, et des douleurs
qui en résultaient.

Pendant tout ce narré singulier, Madame C... eut la prudence de ne pas témoi-
gner la moindre surprise : elle faisait tout
pour m'engager à tout dire. Lorsque je
me trouvais embarrassée sur les termes
qui me manquaient pour expliquer les
idées de ce que j'avais vu, elle exigeait de
moi des descriptions, dont la lasciveté
devait beaucoup la réjouir dans la bouche
d'une fille de mon âge, et aussi simple
que je l'étais. Jamais peut-être tant d'in-
famies n'ont été dites et ouïes avec autant de gravité.

Dès que j'eus fini de parler, Madame
C... parut plongée dans de sérieuses ré-

flexions ; elle ne répondit que par mono-
syllabes à quelques questions que je lui
proposai. Revenue à elle-même, elle me
dit que tout ce qu'elle venait d'entendre
avait quelque chose de bien singulier, qui
méritait beaucoup d'attention ; qu'en
attendant qu'elle pût m'apprendre ce
qu'elle en pensait, et quel était le parti
qu'il convenait que je prisse, je devais
d'abord songer à soulager la douleur que
je ressentais, en bassinant, avec du vin
chaud, les parties qui avaient été meurtries par le frottement de la colonne de
mon lit. Gardez-vous bien, me dit-elle,
ma chère enfant, de rien dire à votre
mère, ni à qui que ce puisse être, et encore moins au Père Dirrag, de ce que
vous venez de me confier. Il y a dans tout
ceci du bien et du mal. Rendez-vous chez
moi demain vers les neuf heures du matin, je vous en dirai davantage ; comptez
sur mon amitié, l'excellence de votre

cœur et de votre caractère vous l'ont entièrement acquise. Je vois votre mère qui
s'avance ; allons au-devant d'elle et parlons de toute autre chose.

M. l'Abbé T... entra un quart-d'heure
après. On soupe de bonne heure en province, il était alors sept heures et demie;
on servit, nous nous mîmes à table.

Pendant le souper, Madame C... ne put
s'empêcher de lâcher quelques traits saty-
riques sur le P. Dirrag : l'Abbé en parut
surpris , il l'en blâma avec délicatesse.
Pourquoi, poursuivit-il, ne pas laisser
tenir à chacun la conduite qui lui convient, pourvu qu'elle n'ait rien de contraire à l'ordre établi ? Jusqu'à présent ,
nous ne voyons rien du P. Dirrag qui s'en
éloigne ; permettez-moi donc, Madame,
de n'être pas de votre avis , jusqu'à ce
que des événemens justifient les idées que
vous voulez me donner de ce Père. Madame C... pour ne pas être obligée de ré-
pondre, changea adroitement le sujet de

la conversation. On quitta la table vers les dix heures : Madame C... dit quelque chose à l'oreille de M. l'Abbé, qui sortit avec ma mère et moi, et nous reconduisit chez nous.

Comme il est juste, mon cher Comte, que vous sachiez ce que c'est que Madame C... et M. l'Abbé T... je pense qu'il est temps de vous en donner une idée.

Madame C... est née Demoiselle. Ses parens l'avaient contrainte d'épouser à quinze ans un vieil Officier de marine, qui en avait soixante. Celui-ci mourut cinq ans après son mariage, et laissa Madame C... enceinte d'un garçon, qui, en venant au monde, faillit faire perdre la vie à celle qui lui donnait le jour. Cet enfant mourut au bout de trois mois, et Madame C... se trouva, par cette mort, héritière d'un bien assez considérable. Veuve, jolie, maîtresse d'elle-même à l'âge de vingt ans, elle fut bientôt recherchée de tous les épouseurs de la province;

mais elle s'expliqua si positivement sur le dessein où elle était de ne jamais courir les risques dont elle était échappée comme miraculeusement, en mettant au monde son premier enfant, que même les plus empressés abandonnèrent la partie.

Madame C... avait beaucoup d'esprit; elle était ferme dans ses sentimens, qu'elle n'adoptait qu'après les avoir mûrement examinés. Elle lisait beaucoup et aimait à s'entretenir sur les matières les plus abstraites. Sa conduite était sans reproches. Amie essentielle, elle rendait service dès qu'elle le pouvait. Ma mère en avait fait d'utiles expériences. Elle avait alors vingt-six ans; j'aurai occasion, par la suite, de vous faire le portrait de sa personne.

M. l'Abbé T..., ami particulier et en même temps directeur de conscience de Madame C..., était un homme d'un vrai mérite. Il était âgé de quarante-quatre à quarante-cinq ans: petit, mais bien fait,

une physionomie ouverte, spirituelle,
soigneux observateur des bienséances de
son état, aimé et recherché de la bonne
compagnie, dont il faisait les délices. A
beaucoup d'esprit, il joignait des connais-
sances étendues. Ses bonnes qualités, gé-
néralement reconnues, lui avaient fait
obtenir le poste qu'il remplissait, et que
je dois taire ici. Il était le confesseur et
l'ami des gens de mérite, de l'un et de
l'autre sexe, comme le Père Dirrag l'était
des dévotes de profession, des enthou-
siastes, des quiétistes et des fanatiques.

Je retournai le lendemain matin chez
Madame C... à l'heure convenue. Eh bien!
ma chère Thérèse, me dit-elle en entrant,
comment vont vos pauvres petites parties
affligées? Avez-vous bien dormi? Tout
se porte mieux, Madame, lui dis-je, j'ai
fait ce que vous m'avez prescrit. Tout a
été bien bassiné, cela m'a soulagée; mais
j'espère au moins de n'avoir pas offensé

Dieu. Madame C... sourit, et après m'a-
voir fait prendre du café : ce que vous
m'avez confié hier, me dit-elle, est de
plus grande conséquence que vous ne pen-
sez. J'ai cru devoir en parler à M. T...
qui vous attend actuellement à son confessionnal. J'exige de vous que vous alliez
le trouver, et que vous lui répétiez mot
à mot tout ce que vous m'avez dit. C'est
un honnête homme et de bon conseil,
vous en avez besoin. Je pense qu'il vous
prescrira une nouvelle façon de vous conduire, qui est nécessaire à votre salut et
à votre santé. Votre mère m'urrait de
chagrin, si elle apprenait ce que je sais ;
car je ne puis vous cacher qu'il y a des
horreurs dans ce que vous avez vu chez
Mademoiselle Eradice. Allez, Thérèse,
partez et donnez une confiance entière à
M. T..., vous n'aurez pas lieu de vous
en repentir.

Je me mis à pleurer, et je sortis toute

tremblante pour aller trouver M. T...
qui entra dans son confessionnal dès
qu'il m'aperçut.

Je ne cachai rien à M. T... qui m'é-
couta attentivement jusqu'au bout, sans
m'interrompre que pour me demander de
certaines explications sur les détails qu'il
ne comprenait pas. Vous venez, me dit-il,
de m'apprendre des choses étonnantes ; le
Père Dirrag est un fourbe, est un malheureux, qui se laisse emporter à la force de
ses passions ; il marche à sa perte, et il
entraînera celle de Mademoiselle Eradice :
néanmoins, Mademoiselle, il faut les
plaindre, plutôt que de les blâmer. Nous
ne sommes pas toujours maîtres de résister
à la tentation ; le bonheur et le malheur
de notre vie se décident souvent par les
occasions. Soyez donc attentive à les éviter : cessez de voir le P. Dirrag et toutes
ses pénitentes, sans parler mal des uns
ni des autres ; la charité le veut ainsi.

Fréquentez Madame C... ; elle a pris de l'amitié pour vous, elle ne vous donnera que de bons conseils et de bons exemples à suivre.

Parlons présentement, mon enfant, de ces chatouillemens excessifs que vous sentez souvent dans cette partie qui a frotté à la colonne de votre lit : ce sont des besoins de tempérament, aussi naturels que ceux de la faim et de la soif : il ne faut ni les rechercher ni les exciter ; mais dès que vous vous en sentirez vivement pressée, il n'y a nul inconvénient à vous servir de votre main, de votre doigt, pour soulager cette partie, par le frottement qui lui est alors nécessaire. Je vous défends très-expressément d'introduire votre doigt dans l'intérieur de l'ouverture qui s'y trouve ; il suffit, quant à présent, que vous sachiez que cela pourra t vous faire tort un jour dans l'esprit du mari que vous épouseriez. Au reste, comme ceci, je vous le répète , est un besoin que les lois immuables de la Nature excitent en nous; c'est aussi des mains de la Nature que nous tenons le remède que je vous indique pour soulager ce besoin.

Or, comme nous sommes assurés que la loi naturelle est d'institution divine, comment oserions-nous craindre d'offenser Dieu , en soulageant nos besoins par des moyens qu'il a mis dans nous , qui sont son ouvrage, sur-tout lorsque ces moyens ne troublent point l'ordre établi dans la société? Il n'en est pas de même, ma chère fille, de ce qui s'est passé entre le P. Dirrag et Mademoiselle Éradice : ce Père a trompé sa pénitente, a risqué de la rendre mère , en substituant, à la place du feint cordon de Saint-François, le membre naturel de l'homme, qui sert à la génération. Par-là il a péché contre la loi naturelle , qui nous prescrit d'aimer notre prochain comme nous-mêmes. Est-ce aimer son prochain, que de mettre, comme il l'a fait, Mademoiselle Eradice dans le hasard d'être perdue de réputation, et déshonorée pour toute sa vie ?

L'introduction, ma chère enfant, et les mouvemens que vous avez vus de ce membre du Père, dans la partie naturelle de sa pénitente, qui est le méchanique de la fabrique du genre humain, n'est permise que dans l'état du mariage : dans celui de fille, cette action peut nuire à la tranquillité des familles, et troubler l'intérêt public, qu'il faut toujours respecter. Ainsi, tant que vous ne serez pas liée par le Sacrement du Mariage, gardez-vous bien de souffrir d'aucun homme une pareille opération, en quelque sorte d'attitude que ce puisse être. Je vous ai indiqué un remède qui modérera l'excès de vos desirs, et qui tempérera le feu qui les excite. Ce même remède contribuera bientôt au rétablissement de votre santé

chancelante, et vous rendra votre embon-
point. Votre figure aimable ne marquera
pas de vous attirer alors des amans qui
chercheront à vous séduire. Soyez bien
sur vos gardes, et ne perdez point de vue
les leçons que je vous donne. C'en est assez pour aujourd'hui, ajouta ce sensé directeur ; vous me trouverez ici dans huit
jours à la même heure. Souvenez-vous au
moins que tout ce qui se dit dans le tribunal de la pénitence, doit être aussi sacré
pour le pénitent que pour son confesseur,
et que c'est un péché énorme d'en révéler la moindre circonstance à personne.

Les préceptes de mon nouveau directeur avaient charmé mon ame ; j'y voyais
un air de vérité, une sorte de démonstration soutenue, un principe de charité
qui me faisait sentir le ridicule de ce que
j'avais ouï jusqu'alors.

Après avoir passé la journée à réfléchir,
le soir, avant de me coucher, je me pré-

parais à bassiner les parties meurtries :
tranquille sur les regards et sur les attouchemens, je me troussai ; et m'étant assise
sur le bord du lit , j'écartai les cuisses de
mon mieux et m'attachai à examiner attentivement cette partie qui nous fait
femmes ; j'en entr'ouvrais les lèvres , et
cherchant avec le doigt l'ouverture par
laquelle le Père Dirrag avait pu enfiler
Eradice avec un si gros instrument, je la
découvris, sans pouvoir me persuader que
ce fût elle : sa petitesse me tenait dans
l'incertitude , et je tentais d'y introduire
le doigt, lorsque je me souvins de la
défense de M. T... Je le retirai avec
promptitude, en remontant le long de la
fente. Une petite éminence que j'y ren—
contrai me causa un tressaillement; je m'y
arrêtai , je frottai, et bientôt j'arrivais au
comble du plaisir. Quelle heureuse découverte ! Source abondante de la liqueur qui en est le principe.

II.

Je nageai pendant près de six mois dans un torrent de volupté, sans qu'il m'arrivât rien qui mérite ici sa place.

Ma santé s'était entièrement rétablie : ma conscience était tranquille, par les soins de mon nouveau directeur, qui me donnait des conseils sages et combinés avec les passions humaines : je le voyais régulièrement, tous les lundis, dans le confessionnal, et tous les jours chez Madame C... Je ne quittais plus cette aimable femme : les ténèbres de mon esprit se dissipaient ; peu à peu je m'accoutumais à penser, à raisonner conséquemment. Plus de Père Dirrag pour moi, plus d'Eradice.

Que l'exemple et les préceptes sont de grands maîtres pour former le cœur et l'esprit ! S'il est vrai qu'ils ne nous donnent rien, et que chacun ait en soi les germes de tout ce dont il est capable, il est certain du moins qu'ils servent à dé-

velopper ces germes, et à nous faire
apercevoir les idées, les sentimens dont
nous sommes susceptibles, et qui, sans
l'exemple, sans les leçons, resteraient
enfouis dans leurs entraves et dans leurs
enveloppes.

Cependant, ma mère continuait son
commerce en gros, qui réussissait mal ;
on lui devait beaucoup, elle était à la
veille d'essuyer une banqueroute de la
part d'un Négociant de Paris, capable de
la ruiner. Après s'être consultée, elle se
détermina à faire un voyage dans cette
superbe ville. Cette tendre mère m'aimait trop pour me perdre de vue pendant un espace de temps qui pouvait être
fort long ; il fut résolu que je l'accom-
pagnerais. Hélas ! la pauvre femme ne
prévoyait guère qu'elle y finirait ses tris-
tes jours, et que je retrouverais, dans
les bras de mon cher Comte, la source
du bonheur des miens.

Il fut déterminé que nous partirions dans un mois, temps que j'allais passer avec Madame C..., à sa maison de campagne, éloignée d'une petite lieue de la ville. M. l'Abbé T... y venait régulièrement tous les jours et y couchait, lorsque ses devoirs le lui permettaient. L'un et l'autre m'accablaient de caresses ; on ne craignait plus de tenir devant moi des propos assez libres, de parler de matières de morale, de religion, de sujets métaphysiques, dans un goût bien différent des principes que j'avais reçus. Je m'apercevais que Madame C... était contente de ma façon de penser et de raisonner, et qu'elle se faisait un plaisir de me conduire, de conséquence en conséquence, à des preuves claires et évidentes. Quelquefois seulement j'avais le chagrin de remarquer que M. l'Abbé T... lui faisait signe de ne pas pousser ses raisonnemens sur certaines matières. Cette découverte m'humilia ; je résolus de tout tenter pour être instruite de ce qu'on voulait me cacher. Je n'avais pas jusqu'alors formé le moindre soupçon sur la tendresse mutuelle qui les unissait. Bientôt je n'eus plus rien à désirer, comme vous allez l'entendre.

Vous verrez, mon cher Comte, quelle est la source d'où j'ai puisé les principes de morale et de métaphysique que vous avez si bien cultivés, et qui, en m'éclairant sur ce que nous sommes dans ce monde, comme sur ce que nous avons à craindre de l'autre, assurent la tranquillité d'une vie dont vous faites tout le plaisir.

Nous étions alors dans les plus beaux jours de l'été ; Madame C... se levait ordinairement vers les cinq heures du matin pour aller se promener dans un petit bosquet au bout du jardin. J'avais remarqué que l'Abbé T... s'y rendait aussi lorsqu'il couchait à la campagne ; qu'au bout d'une heure ou 2 ils rentraient ensemble dans

l'appartement où couchait Madame C...,
et qu'ensuite l'un et l'autre ne paraissait
dans la maison que vers les huit à neuf
heures.

Je résolus de les prévenir dans le bosquet, et de m'y cacher de manière à pouvoir les entendre. Comme je n'avais pas
l'ombre du soupçon de leurs amours, je
ne prévoyais point du tout ce que je per-
dais en ne les voyant pas. Je fus donc
reconnaître le terrein, et m'assurer une
place commode à mon projet.

Le soir, en soupant, la conversation
tomba sur les opérations et les produc-
tions de la Nature; mais qu'est-ce donc
que cette Nature, dit Madame C...? Est-ce
un Etre particulier? Tout ne serait-il
pas produit par Dieu? Serait-elle une
Divinité subalterne? En vérité, vous n'êtes
pas raisonnable de parler ainsi, repliqua
vivement M. l'Abbé T..., en lui faisant
un clin d'œil. Je vous promets, dit-il,
dans notre promenade, demain matin, de

vous expliquer l'idée que l'on doit avoir
de cette mère commune du genre humain:
il est trop tard pour toucher cette matière. Ne voyez-vous pas qu'elle accable-
rait d'ennui Mademoiselle Thérèse, qui
tombe de sommeil ? Si vous voulez m'en
croire l'une et l'autre, allons nous coucher ; je vais finir mes heures, et suivrai
de près votre exemple. Le conseil de
M. l'Abbé fut rempli; chacun se retira
dans son appartement.

Le lendemain, dès la pointe du jour ,
j'allai me camper dans mon embuscade. Je
me plaçai dans les broussailles qui étaient
derrière une espèce de bosquet de char-
mille, orné de bancs de bois, peints en
verd , et de quelques statues. Après une
heure d'impatience, mes héros arrivèrent
et s'assirent précisément sur le banc derrière lequel je m'étais gîtée.

Oui, en vérité , disait l'Abbée en entrant, elle devient tous les jours plus
jolie ; ses tetons sont grossis au point de

remplir fort bien la main d'un honnête
Ecclésiastique : ses yeux ont une vivacité
qui ne dément pas le feu de son tempérament, car elle en a tout au plus fort, la
petite friponne de Thérèse. Imagine-toi
qu'en profitant de la permission que je lui
ai donnée de se soulager avec le doigt,
elle le fait au moins une fois tous les
jours. Avoue que je suis aussi bon médecin que docile confesseur ; je lui ai guéri
le corps et l'esprit.

Mais, Abbé, reprit Madame C...,
auras-tu bientôt fini avec ta Thérèse ?
Sommes-nous venus ici pour nous entretenir uniquement de ses beaux yeux, de
son tempérament ? Je soupçonne, Monsieur l'égrillard, que vous auriez bien
envie de lui éviter la peine qu'elle prend
de s'appliquer elle-même votre recette.
Au reste, tu sais que je suis bonne prin-
cesse, et j'y consentirais volontiers, si
je n'en prévoyais pas le danger pour toi.
Thérèse a de l'esprit, mais elle est trop

eune, et n'a pas assez l'usage du monde
pour oser s'y confier. Je remarque que sa
curiosité est sans égale. Il y a de quoi faire
par la suite un très-bon sujet ; et sans les
inconvéniens dont je viens de parler, je
n'hésiterais pas à te proposer à la mettre
de tiers dans nos plaisirs ; car, convenons
qu'il y a bien de la folie à être jaloux ou
envieux du bonheur de ses amis, dès que
leur félicité n'ôte rien à la nôtre.

Vous avez bien raison, Madame, dit
l'Abbé : ce sont deux passions qui tour-
mentent en pure perte tous ceux qui ne
sont pas nés pour savoir penser. Il faut
distinguer cependant l'envie de la jalousie
L'envie est une passion innée dans l'homme ; elle fait partie de son essence : les
enfans au berceau sont envieux de ce qu'on
donne à leurs semblables. Il n'y a que
l'éducation qui puisse modérer les effets de
cette passion, que nous tenons des mains
de la Nature. Mais il n'en est pas de même
de la jalousie, considérée par rapport aux

plaisir de l'amour. Cette passion est l'effet de notre amour-propre et du préjugé. Nous connaissons des Nations entières où les hommes offrent à leurs convives la jouissance de leurs femmes, comme nous offrons aux nôtres le plus excellent vin de notre cave. Un de ces insulaires caresse l'amant qui jouit des embrassemens de sa femme : ses compatriotes l'applaudissent, le félicitent. Un Français, en même cas, fait la moue, chacun le montre au doigt et se moque de lui. Un Persan poignarde l'amant et la maîtresse ; tout le monde applaudit à ce double assassinat.

Il est donc évident que la jalousie n'est pas une passion que nous tenions de la Nature ; c'est l'éducation, c'est le préjugé du pays qui la fait naître. Dès l'enfance, une fille, à Paris, lit, entend dire qu'il est humiliant d'essuyer une infidélité de son amant : on assure à un jeune homme qu'une maîtresse, qu'une femme infidèle blesse l'amour-propre, déshonore l'amant ou le mari. De ces principes, sucés, pour ainsi dire, avec le lait, naît la jalousie, ce monstre qui tourmente les humains en pure perte, pour un mal qui n'a rien de réel.

Distinguons néanmoins l'inconstance de l'infidélité. J'aime une femme dont je suis aimé : son caractère sympathise avec le mien ; sa figure, sa jouissance, font mon bonheur ; elle me quitte : ici, la douleur n'est plus l'effet du préjugé, elle est raisonnable. Je perds un bien effectif, un plaisir d'habitude, que je ne suis pas certain de pouvoir réparer avec tous ces agrémens ; mais une infidélité passagère, qui n'est que l'ouvrage du plaisir, du tempérament, quelquefois celui de la reconnaissance, ou d'un cœur tendre et sensible à la peine ou au plaisir d'autrui, quel inconvénient en résulterait-il ? En vérité, quoi qu'on en dise, il faut être peu sensé que de s'inquiéter de ce qu'on nomme à juste titre, UN COUP D'ÉPÉE DANS L'EAU, d'une chose qui ne nous fait ni bien ni mal.

Oh ! je vous vois venir, dit Madame C... en interrompant l'Abbé T..., ceci m'annonce tout doucement que, par bon cœur, ou pour faire plaisir à Thérèse, vous seriez homme à lui donner une petite leçon de volupté, un petit clystère aimable, qui, selon vous, ne me ferait ni bien ni mal. Va, mon cher Abbé, continua-t-elle, j'y consens avec joie : je vous aime tous deux ; vous gagnerez l'un et l'autre par cette épreuve, à laquelle je ne perdrai rien : pourquoi m'y opposerais-je ? Si je m'en inquiétais, tu conclurais avec raison, que je n'aime que moi, que ma satisfaction particulière, qu'à l'augmenter aux dépens même de celle que tu peux goûter ailleurs ; et c'est ce qui n'est point : je sais faire mon bonheur indistinctement de tout ce qui peut contribuer à augmenter le tien. Ainsi tu peux, mon cher ami, sans crainte de me déso-

bliger, houspiller de ton mieux la mo‑
niche de Thérèse, cela fera grand bien à
cette pauvre fille ; mais, je le répète ,
prends garde à l'imprudence...

Quelle folie ! reprit l'Abbé ; je vous
jure que je ne pense point à Thérèse. J'ai
voulu simplement vous expliquer le mé‑
chanisme par lequel la Nature...

Eh bien ! n'en parlons plus, repliqua
Madame C... Mais, à propos de Nature,
tu oublies, ce me semble, la promesse que
tu m'avais faite de me définir ce que
c'est que cette bonne mère. Voyons un
peu comment tu te tireras de cette dé‑
monstration, car tu prétends que tu dé‑
montres tout.

Je le veux, répondit l'Abbé ; mais, ma
petite mère, tu sais ce qu'il me faut au‑
paravant ; je ne vaux rien quand je n'ai
pas fait la besogne qui affecte le plus
vivement mon imagination. Les autres
idées ne sont pas nettes, et se trouvent
toujours absorbées, confondues par celle‑

ci. Je t'ai déjà dit que, lorsqu'à Paris je m'occupais presque uniquement de la lecture et des sciences les plus abstraites, dès que je sentais l'aiguillon de la chair me tracasser, j'avais une petite fille AD HOC, comme on a un pot-de-chambre pour pisser, à qui je faisais une ou deux fois la grosse besogne, dont il vous plaît de ne vouloir pas tâter de ma façon. Alors, l'esprit tranquille, les idées nettes, je me mettais au travail ; et je soutiens que tout homme de lettres, tout homme de cabinet qui a un peu de tempérament, doit user de ce remède , aussi nécessaire à la santé du corps qu'à celle de l'esprit. Je dis plus : je prétends que tout honnête homme qui connaît les devoirs de la société , devrait en faire usage , afin de s'assurer de n'être point excité trop vivement à s'écarter de ces devoirs en débauchant la femme, ou la sœur, ou la fille de ses amis ou de ses voisins.

Présentement, vous me demanderez.

peut-être, Madame, continua l'Abbé,
comment doivent donc faire les femmes
et les filles? elles ont, dites-vous, leurs
besoins comme les hommes, elles sont de
même pâte : cependant elles ne peuvent
pas se servir des mêmes ressources : le
point d'honneur, la crainte d'un indiscret,
d'un mal-adroit, d'un faiseur d'enfans,
ne leur permet pas d'avoir recours au
même remède que les hommes. D'ailleurs, ajouterez-vous, où en trouver de
ces hommes tout prêts, comme l'était
votre petite fille AD HOC?

Eh bien! Madame, continua l'abbé T...
que les femmes et les filles fassent comme
Thérèse et vous; si ce jeu ne leur plaît
pas (comme effectivement il ne plaît pas
à toutes), qu'elles se servent de ces in-
génieux instrumens nommés GODEMICHI;
c'est une imitation assez naturelle de la
réalité. Joignez à cela que l'on peut s'aider
de l'imagination. Au bout du compte, je
le répète, les hommes et les femmes ne

doivent se procurer que les plaisirs qui ne peuvent pas troubler l'intérieur de la société établie. Les femmes ne doivent donc jouir que de ceux qui leur conviennent, eu égard aux devoirs que cet établissement leur impose. Vous aurez beau vous récrier à l'injustice ; ce que vous regardez comme injustice particulière, assure le bien général que personne ne doit tenter d'enfreindre.

Oh ! je vous tiens, M. l'Abbé, répliqua Madame C... ; vous venez de me dire présentement qu'il ne faut pas qu'une femme, qu'une fille, se laissent faire ce que vous savez par les hommes, ni qu'un honnête homme trouble l'intérêt public en cherchant à les séduire, tandis que vous-même, Monsieur le paillard, m'avez tourmentée cent fois pour me mettre dans ce cas, et qu'il y a long-temps que ce serait une besogne faite, sans la crainte insupportable que j'ai toujours eue de devenir grosse : vous n'avez donc pas craint, pour satisfaire votre plaisir particulier, d'agir contre l'intérêt général que vous prenez si fort.

Bon! nous y voilà encore, reprit l'abbé; tu recommences donc toujours la même chanson, ma petite mère : ne t'ai-je pas dit qu'en agissant avec de certaines précautions, on ne risque point cet inconvénient? N'est-tu pas convenue avec moi que les femmes n'ont que trois choses à redouter : la peur du diable, la réputation et la grossesse? Tu es très-apaisée, je pense, sur le premier article; je ne crois pas que tu craignes de ma part l'indiscrétion ni l'imprudence, qui seules peuvent ternir la réputation; enfin, on ne devient mère que par l'étourderie de son amant. Or, je t'ai déjà démontré, pas d'une, par l'explication du mécanisme de la fabrique des hommes, que l...

plus facile à éviter : répétons donc encore ce que nous avons dit à ce sujet.

L'amant, par la réflexion ou par la vue de sa maîtresse, se trouve dans l'état qui est nécessaire à l'acte de la génération : le sang, les esprits, le nerf érecteur, ont enflé et roidi son dard : tous deux d'accord, ils se mettent en posture : la flèche de l'amant est poussée dans le carquois de sa maîtresse : les semences se préparent par le frottement réciproque des parties. L'excès du plaisir les transporte ; déjà l'élixir divin est prêt à couler ; alors, l'amant sage, maître de sa passion, retire l'oiseau de son nid, et sa main, ou celle de sa maîtresse, achève par quelques légers mouvemens, de provoquer l'éjaculation au dehors. Point d'enfans à craindre dans ce cas. L'amant étourdi et brutal pousse au contraire jusques au fond du vagin, il y répand sa semence ; elle pénètre dans la matrice, et de-là dans ses trompes où se forme la génération.

Voilà, Madame, continua M. T..., puisque vous avez voulu que je le répétasse encore, quel est le mécanisme des plaisirs de l'amour. Me connaissant tel que je suis, pouvez-vous me croire du nombre de ces derniers imprudens? Non, mon cher ami, j'ai cent fois fait l'expérience du contraire.— Laisse-moi, je te conjure, la renouveler aujourd'hui avec toi ; regarde dans quel état de triomphe est mon drôle : tu le tiens. — Oui ! — Serre-le bien dans ta main ; tu vois qu'il te demande grace, et je....

Non pas, s'il vous plaît, mon cher Abbé, répliqua à l'instant Madame C..., il n'en sera rien, je vous jure : tout ce que vous m'avez dit ne peut me tranquilliser sur mes craintes, et je vous procurerais un plaisir que je ne pourrais pas goûter, cela n'est pas juste. Laissez-moi donc faire ; je vais mettre ce petit effronté à la raison. Eh bien ! poursuivit-elle, es-tu content de mes tetons et de mes cuisses ? les as-tu assez baisés, assez maniés ? Pourquoi trousser ainsi mes manchettes au-dessus du coude ? Monsieur aime sans doute à voir les mouvemens d'un bras nud ? Fais-je bien ? Tu ne dis mot ! Ah ! le coquin ! qu'il a de plaisir !

Il se fit un instant de silence. Puis tout à coup j'entendis l'Abbé qui s'écria : ma chère maman, je n'en puis plus : un peu plus vîte (donne-moi donc ta petite langue, je t'en prie : Ah ! il cou...le !

Jugez, mon cher Comte, de l'état où j'étais pendant cette édifiante conversation. J'essayai vingt fois de me lever, pour tâcher de trouver quelque ouverture par où je pusse découvrir les objets, mais le bruit des feuilles me retint toujours. J'étais assise, je m'allongeai de mon mieux ; et pour éteindre le feu qui me dévorait, j'eus recours à mon petit exercice ordinaire.

Après quelques momens, qui furent employés sans doute à réparer le désordre de M. l'Abbé : en vérité, dit-il, toute réflexion faite, je crois, ma bonne amie, que vous avez eu raison de me refuser la jouissance que je vous demandais : j'ai senti un plaisir si vif, un chatouillement si puissant, que je pense que tout eût coulé à travers les choux, si vous m'eussiez laissé faire.

Il faut avouer que nous sommes des animaux bien foibles et bien peu maîtres de diriger nos volontés. Je sais tout cela, mon pauvre Abbé, reprit Madame C..., tu ne m'apprends rien de nouveau ; mais dis-moi, est-il bien vrai que dans le genre des plaisirs que nous goûtons, nous ne péchons pas contre l'intérêt de la société ? Et cet amant sage, dont tu approuves la prudence, qui retire l'oiseau de son nid, et qui répand le beaume de vie au dehors, ne fait-il pas également un crime? car il faut convenir que les uns et les autres, nous en supprimons à la société un citoyen qui pourrait lui devenir utile.

Ce raisonnement, repliqua l'Abbé, paraît d'abord spécieux, mais vous allez voir, ma belle dame, qu'il n'a cependant que l'écorce. Nous n'avons aucune loi humaine ni divine qui nous invite, et encore moins qui nous contraigne de travailler à la multiplication du genre humain. Toutes ces lois permettent le célibat aux garçons et aux filles, à une foule de Moines fainéans et de Religieuses inutiles : elles permettent à l'homme marié d'habiter avec sa femme grosse, quoique les semences alors répandues, le soient sans espérance de fruit. L'état de virginité est même réputé préférable à celui du mariage.

Or, ces faits posés, n'est-il pas certain

que l'homme qui triche, et ceux qui,
comme nous, jouissent du plaisir de la
petite oie, ne font rien de plus que ces
Moines et ces Religieuses, que tout ce qui
vit dans le célibat? Ceux-ci conservent
dans leurs reins, en pure perte, une se—
mence que les premiers répandent en pure
perte : ne sont-ils donc pas, les uns et les
autres, précisément dans un cas égal, eu
égard à la société? Ils ne lui donnent
tous aucun citoyen; mais la seule raison
ne nous dit-t-elle pas qu'il vaut mieux
encore que nous jouissions d'un plaisir
qui ne fait tort à personne, en répandant
inutilement cette semence, que de la con—
server dans nos vaisseaux spermatiques,
non-seulement avec la même utilité, mais
encore toujours aux dépends de notre
santé et souvent de notre vie. Ainsi vous
voyez, Madame la raisonneuse, ajouta
l'Abbé, que nos plaisirs ne font pas plus
de tort à la société, que le célibat ap—

prouvé des Moines, des Religieuses, etc. ;
que nous pouvons aller notre petit train.

Sans doute qu'ensuite de ses réflexions
l'Abbé se mit en devoir de rendre service
à Madame C…, car j'entendis, un instant après, que celle-ci lui disait : Ah !
finis, vilain Abbé, retire ton doigt, je
ne suis pas en train aujourd'hui, je me
ressens encore de nos folies d'hier, remet-
tons celle-ci à demain : d'ailleurs, tu sais
que j'aime à être à mon aise, bien éten-
due sur mon lit : ce banc n'est point commode ; finis : encore un coup, je ne veux
de toi présentement, que la définition que
tu m'as promise sur dame Nature : vous
voilà tranquille, Monsieur le Philosophe ; parlez, je vous écoute.

Sur dame Nature, reprit l'Abbé ? Ma
foi, vous en saurez bientôt autant que
moi. C'est un être imaginaire, c'est un
mot vuide de sens. Les premiers chefs
des Religions, les premiers Politiques,

I

embarrassés sur l'idée qu'ils devaient donner au Public, du bien et du mal moral,
ont imaginé un Etre entre Dieu et nous,
qu'ils ont rendu l'auteur de nos passions,
de nos maladies, de nos crimes. Comment,
en effet, sans ce secours, eussent-ils concilié ce systême avec la bonté infinie de
Dieu? D'où eussent-ils dit que nous ve-
naient ces envies de voler, de calomnier,
de violer, d'assassiner? Pourquoi tant de
maladies, tant d'infirmités? Qu'avait fait
à Dieu ce malheureux cul-de-jatte, né
pour ramper sur la terre pendant toute
sa vie?

Un Théologien nous dit à cela : CE SONT
LES EFFETS DE LA NATURE. Mais, qu'est-
ce que c'est que cette Nature? Est-ce
un autre Dieu que nous ne connaissons
pas? Agit-elle par elle-même et indé-
pendamment de la volonté de Dieu? Non,
dit encore séchement le Théologien.
Comme Dieu ne peut pas être l'auteur du

mal, le mal ne peut exister que par le moyen de la Nature. Quelle absurdité! Est-ce du bâton qui me frappe que je dois me plaindre? n'est-ce pas de celui qui a dirigé le coup? n'est-ce pas lui qui est l'auteur du mal que je ressens?

Pourquoi ne pas convenir, une bonne fois, que la Nature est un être de raison, un mot vuide de sens; que tout est de Dieu; que le mal physique qui nuit aux uns, sert au bonheur des autres; que tout est bien; qu'il n'y a rien de mal dans le monde, eu égard à la Divinité : que tout ce qui s'appelle BIEN ou MAL moral, n'est que relatif à l'intérêt des sociétés établies parmi les hommes, mais relatif à Dieu, par la volonté duquel nous agissons nécessairement d'après les premières lois, d'après les premiers principes du mouvement qu'il a établi dans tout ce qui existe? Un homme vole, il fait du bien par rapport à lui; du mal, par son infraction à l'établissement de la société, mais rien par rapport à Dieu. Cependant je conviens que cet homme doit être puni, quoiqu'il ait agi nécessairement, quoique je sois convaincu qu'il n'a pas été libre de commettre ou de ne pas commettre son crime; mais il doit l'être, parce que la punition d'un homme qui trouble l'ordre établi, fait mécaniquement, par la voie des sens, des impressions sur l'ame, qui empêchent les méchans de risquer ce qui pourrait leur faire mériter la même punition, et que la peine que subit ce malheureux pour son infraction, doit contribuer au bonheur général, qui est préférable dans ce cas au bien particulier.

J'ajoute encore, que l'on ne peut même trop noter d'infamie les parens, les amis et tous ceux qui ont eu des habitudes avec un criminel, pour engager, par ce trait de politique, tous les humains à s'inspirer mutuellement entre eux de l'horreur des actions, et pour les crimes qui peuvent troubler la tranquillité publique : tranquillité que notre disposition naturelle, que nos besoins, que notre bien-être particulier nous portent sans cesse à enfreindre : disposition, enfin, qui ne peut être absorbée dans l'homme que par l'éducation ; qu'au moyen des impressions qu'il reçoit dans l'ame par la voie des autres hommes qu'il fréquente, ou qu'il voit habituellement, soit par le bon exemple, soit par les discours ; en un mot, par les sensations externes qui, jointes aux dispositions intérieures, dirigent toutes les actions de notre vie. Il faut donc aiguillonner, il faut nécessiter les hommes à s'exciter entre eux à ces sensations au bonheur général.

Je crois, Madame, ajouta l'Abbé, que vous sentez présentement ce que l'on doit entendre par le mot de Nature. Je me propose de vous entretenir demain matin de l'idée qu'on doit avoir des Religions. C'est une matière importante à notre bonheur ; mais il est trop tard pour l'entamer aujourd'hui. Je sens que j'ai besoin d'aller prendre mon chocolat.

Je le veux , dit Madame C... en se levant : Monsieur le Philosophe a sans doute besoin d'une réparation physique , pour les pertes libidineuses que je lui ai fait faire : cela est bien juste , continua-t-elle ; vous avez fait et vous avez dit des choses admirables : rien de mieux que vos observations sur la Nature ; mais trouvez bon que je doute fort que vous puissiez me faire voir aussi clair sur le chapitre des Religions , que vous avez touché diverses fois avec beaucoup moins de succès. Comment donner en effet des démonstrations dans une matière aussi abstraite , et où tout est article de foi ? C'est ce que nous verrons demain, répondit l'Abbé. Oh ! ne comptez pas en être quitte demain pour

des raisonnemens, repliqua Madame C...:
nous rentrerons, s'il vous plaît, de bonne
heure dans ma chambre, où j'aurai besoin de vous et de mon lit de repos.

Quelques instans après, ils prirent l'un
et l'autre le chemin de la maison : je les
y suivis par une allée couverte. Je ne
restai qu'un moment dans ma chambre
pour y changer de robe, et je me rendis de
suite dans l'appartement de Madame C...
où je craignais que l'Abbé n'entamât encore l'article des Religions, que je voulais
absolument entendre. Celui de la Nature
m'avait frappée : je voyais clairement que
Dieu et la Nature n'étaient qu'une même
chose, ou du moins que la Nature n'agis-
sait que par la volonté immédiate de Dieu.
De-là je tirai mes petites conséquences,
et je commençai peut-être à penser pour
la première fois de ma vie.

Je tremblais en entrant dans l'appartement de Madame C...; il me semblait

qu'elle devait s'apercevoir de l'espèce de
perfidie que je venais de lui faire, et de
diverses réflexions dont j'étais agitée.
L'Abbé T... me regardait attentivement :
je me crus perdue ; mais bientôt je l'entendis qui disait à demi-bas à Madame C...
Voyez si Thérèse n'est pas jolie ? Elle a
des couleurs charmantes ; ses yeux sont
perçans, et sa physionomie devient tous
les jours plus spirituelle. Je ne sais ce que
Madame C... lui répondit ; ils souriaient
l'un et l'autre. Je fis semblant de n'avoir
rien entendu, et j'eus grand soin de ne
pas les quitter de toute la journée.

En rentrant le soir dans ma chambre,
je formai mon plan pour le lendemain
matin. La crainte où j'étais de ne pas
m'éveiller d'assez bonne heure, fut cause
que je ne dormis point. Vers les cinq
heures du matin, je vis Madame C...
gagner le bosquet, où M. T... l'attendait
déjà. Suivant ce que j'avais ouï la veille,

elle devait bientôt rentrer dans sa chambre à coucher, où était le lit de repos dont elle avait parlé. Je n'hésitai pas de m'y couler et de me cacher dans la ruelle de son lit, où je m'assis sur le plancher, le dos appuyé contre le mur, à côté du chevet. J'avais le rideau du lit devant moi, que je pouvais entr'ouvrir au besoin, pour avoir en entier le spectacle du petit lit, qui était dans le coin opposé de la chambre, où l'on ne pouvait pas dire un mot sans que je l'entendisse.

Ainsi postée, l'impatience commençait à me faire appréhender d'avoir manqué mon coup, lorsque mes deux acteurs rentrèrent. Baise-moi comme il faut, mon cher ami, disait Madame C... en se laissant tomber sur son lit de repos. La lecture de ton vilain PORTIER DES CHARTREUX m'a mise toute en feu; ses portraits sont frappans; ils ont un air de vérité qui charme : s'il était moins ordurier, ce

serait un livre inimitable dans son genre.
Mets-le-moi aujourd'hui , Abbé, je t'en
conjure, ajouta-t-elle, j'en meurs d'envie,
et je consens d'en risquer l'événement.

Non pas moi, reprit l'Abbé, pour deux
bonnes raisons : c'est que je vous aime ,
et que je suis trop honnête homme pour
risquer votre réputation et vos justes reproches par cette imprudence; la seconde,
c'est que M. le docteur n'est pas aujour-
d'hui, comme vous voyez , dans son bril-
lant ; je ne suis pas Gascon , et....

Je le vois à merveille , reprit Madame
C..., cette dernière raison est si énergi-
que que vous eussiez pu , en vérité , vous
dispenser de vous faire un mérite de la
première. Çà , mets-toi donc du moins à
côté de moi, ajouta-t-elle en s'étendant
lascivement sur le lit, et chantons, comme tu dis, le petit office.

Ah ! de tout mon cœur , ma chère maman, reprit l'Abbé T..., qui était alors

debout, découvrant méthodiquement la gorge de Madame C... Ensuite il troussa sa robe et sa chemise jusqu'au-dessus du nombril, puis il lui ouvrit les cuisses, en élevant tant soit peu ses genoux, de manière que ses talons qui se rapprochaient quelque peu de ses fesses, étaient presque joints l'un à l'autre, appuyés sur les pieds du lit.

Dans cette attitude, en partie cachée pour moi par l'Abbé qui baisait alternativement toutes les beautés du corps de sa chère maîtresse, Madame paraissait immobile, recueillie, méditant sur la nature des plaisirs dont elle sentait déjà les prémices. Ses yeux étaient à moitié fermés; la pointe de sa langue se montrait sur le bord de ses lèvres vermeilles, et tous les muscles de son visage étaient dans une agitation voluptueuse. Finis donc tes baisers, dit-elle à l'Abbé T..., ne vois-tu pas que je t'attends? je n'en puis plus.

Le complaisant directeur ne se fit pas

répéter deux fois ce qu'on exigeait de lui.
Il se glissa sur le pied du lit entre Madame C... et la muraille, sa main gauche fut
passée sous la tête de la tendre C... qu'il
pressait, la baisant bouche à bouche avec
des petits mouvemens de langue les plus
voluptueux. Son autre main fut occupée
à l'action principale : elle caressait artis-
tement, frottant cette partie qui distingue
notre sexe, et que Madame C... a très-
abondamment garnie d'un poil frisé et du
plus beau noir. Le doigt de l'Abbé jouait
ici le rôle le plus intéressant.

Jamais tableau ne fut placé dans un
jour plus avantageux, eu égard à ma
position. Le lit de repos était disposé de
façon que j'avais pour point de vue la
toison de Madame C.... Au-dessous se
montraient en partie ses deux fesses, agitées d'un mouvement léger, du bas en
haut, qui annonçait la fermentation inté-
rieure, et ses cuisses, les plus belles, les

plus rondes , les plus blanches qui se puissent imaginer , faisaient avec ses genoux un autre petit mouvement, de droite et de gauche , qui contribuait sans doute aussi à la joie de la partie principale que l'on fêtait , et dont le doigt de l'Abbé , perdu dans la toison , suivait tous les mouvemens.

J'entreprendrais inutilement, mon cher Comte , de vous dire ce que je pensais alors , je ne sentais rien pour trop sentir. Je devins machinalement le singe de ce que je voyais ; ma main faisait l'office de celle de l'Abbé ; j'imitais tous les mouvemens de mon amie. Ah ! je me meurs, s'écria-t-elle tout-à-coup : enfonce-le, mon cher Abbé : oui... bien avant... je t'en conjure ; pousse fort, pousse, mon petit.... Ah ! quel plaisir !... je fonds.... je... me... pâ... me !...

Toujours parfaite imitatrice de ce que je voyais , sans réfléchir un instant à la défense de mon directeur, j'enfonçai mon doigt à mon tour ; une légère douleur que je ressentis ne m'arrêta pas , je poussai de toute ma force , et je parvins au comble de la volupté.

La tranquillité avait succédé aux emportemens amoureux, et je m'étais comme assoupie malgré ma situation gênante , lorsque j'entendis Madame C... approcher du lieu où j'étais cachée; je me crus découverte , mais j'en fus quitte pour la peur. Elle tira le cordon de sa sonnette et demanda du chocolat , que l'on prit en faisant l'apologie des plaisirs qu'on venait de goûter. Pourquoi ne sont-ils pas entièrement innocens , dit Madame C... ? car vous avez beau dire qu'ils ne blessent point l'intérêt de la société ; que nous sommes portés par un besoin aussi nécessaire à soulager, que le sont les besoins de la faim et de la soif : vous m'avez très-bien démontré que nous n'agissons que par la volonté de Dieu , que la Nature n'est qu'un mot vuide de sens et n'est que l'effet dont Dieu est la cause; mais la Religion, qu'en direz-vous ? Elle nous défend les plaisirs de concupiscence hors de l'état du mariage. Est-ce encore-là un mot vuide de sens ?

Quoi ! Madame, répondit l'Abbé, vous ne vous souvenez donc pas que nous ne sommes pas libres, que toutes nos actions sont déterminées nécessairement ? Et si nous ne sommes point libres, comment pouvons-nous pécher ? Mais entrons, puisque vous le voulez, sérieusement en matière sur le chapitre des Religions. Votre discrétion, votre prudence me sont connues, et je crains d'autant moins de m'expliquer, que je proteste devant Dieu de la bonne foi avec laquelle j'ai cherché à démêler la vérité de l'illusion. Voici le résumé de mes travaux et de mes réflexions sur cette importante matière.

Dieu est bon, dis-je : sa bonté m'assure

que, si je cherche avec ardeur à connaître
s'il est un culte véritable qu'il exige de
moi, il ne me trompera pas, je parvien-
drai à connaître évidemment ce culte, au-
trement Dieu serait injuste ; il m'a donné
la raison pour m'en servir, pour me guider : à quoi puis-je mieux l'employer ?

Si un Chrétien de bonne foi ne veut pas
examiner sa Religion, pourquoi voudra-
t-il (ainsi qu'il l'exige) qu'un Mahomé-
tan de bonne foi examine la sienne ? Ils
croient, l'un et l'autre, que leur Religion
leur a été révélée de la part de Dieu, l'une
par Jésus-Christ, l'autre par Mahomet.

La foi ne nous vient que parce que des
hommes nous ont dit que Dieu a révélé
de certaines vérités. Mais d'autres hommes en ont dit de même aux sectaires des
autres Religions ; lesquels croire ? Pour
le savoir, il faut donc examiner ; car,
tout ce qui vient des hommes doit être
soumis à notre raison.

Tous les auteurs des diverses Religions répandues sur la terre , se sont vantés que Dieu les leur avait révélées; lesquels croire? Examinons quelle est la véritable ; mais, comme tout est préjugé de l'enfance et de l'éducation, pour juger sainement, il faut commencer par faire un sacrifice à Dieu de tout préjugé, et examiner avec le flambeau de la raison une chose de laquelle dépend notre bonheur ou notre malheur , pendant notre vie et pendant l'éternité.

J'observe d'abord qu'il y a quatre parties dans le monde ; que la vingtième partie , au plus, d'une de ces quatre parties est catholique ; que tous les habitans des autres parties disent que nous adorons un homme, du pain; que nous multiplions la Divinité ; que presque tous les Pères se sont contredits dans leurs écrits : ce qui prouve qu'ils n'étaient pas inspirés de Dieu.

Tous les changemens de Religions depuis Adam, faits par Moïse, par Salomon, par Jésus-Christ, et ensuite par les Pères, démontrent que toutes ces Religions ne sont que l'ouvrage des hommes. Dieu ne varie jamais ; il est immuable.

Dieu est par-tout : cependant l'Ecriture Sainte dit que Dieu chercha Adam dans le Paradis terrestre ; ADAM, UBI ES ? que Dieu s'y promena, qu'il s'entretint avec le Diable au sujet de Job.

La raison me dit que Dieu n'est sujet à aucun passion : cependant, dans la Genèse, chap. VI, on y fait dire à Dieu qu'il se repent d'avoir créé l'homme; que sa colère n'a pas été inefficace. Dieu paraît si faible dans la Religion Chrétienne, qu'il ne peut pas réduire l'homme au point où il le voudrait : il le punit par l'eau, ensuite par le feu ; l'homme est toujours le même : il envoie des Prophètes, les hommes sont encore les mêmes ; il n'a qu'un fils unique, il l'envoie, il le sacrifie ;

cependant les hommes ne changent en rien : que de ridicules la Religion Chrétienne donne à Dieu !

Chacun convient que Dieu sait ce qui doit arriver pendant l'éternité; mais Dieu, dit-on, ne connaît ce qui doit résulter de nos actions, qu'après avoir prévu que nous abuserions de ses graces, et que nous commettrions ces mêmes actions ; il résulte néanmoins, de cette connaissance, que Dieu, en nous faisant naître, savait déjà que nous serions infailliblement damnés et éternellement malheureux.

On voit, dans l'Ecriture-Sainte, que Dieu a envoyé des Prophètes pour avertir les hommes et les engager à changer de conduite : donc l'Ecriture-Sainte suppose que Dieu est un trompeur. Ces idées peuvent-elles s'accorder avec la certitude que nous avons de la bonté infinie de Dieu ?

On suppose à Dieu, qui est tout-puissant, un adversaire, qui lui enlève sans cesse malgré lui , les trois quarts du petit nombre des hommes qu'il a choisis , pour lesquels son fils s'est sacrifié , sans s'embarrasser du reste du genre humain. Quelles pitoyables absurdités !

Suivant la Religion Chrétienne , nous ne péchons que par la tentation : c'est le diable , dit-on , qui nous tente. Dieu n'avait qu'à anéantir le diable , nous serions tous sauvés ; il y a bien de l'injustice ou de l'impuissance de sa part.

Une assez grande partie des Ministres de la Religion Catholique prétend que Dieu nous donne des commandemens mais soutient qu'on ne sçaurait les accomplir sans la grâce que Dieu donne à qui lui plaît ; et cependant Dieu punit ceux qui ne les observent pas ! Quelle contradiction ! Quelle impiété monstrueuse !

Y a-t-il rien de si misérables que de dire que Dieu est vindicatif , jaloux , colère ; de voir que les Catholiques adressent leurs prières aux Saints ; comme si ces Saints étaient par-tout, ainsi que Dieu ; comme, si ces Saints pouvaient lire dans le cœur des hommes et les entendre ?

Quelle ridiculité de dire que nous devons tout faire pour la plus grande gloire de Dieu ? Est-ce que la gloire de Dieu peut être augmentée par l'imagination, par les actions des hommes ? Peuvent-ils augmenter quelque chose en lui ? Ne se suffit-il pas à lui-même ?

Comment des hommes ont-ils pu s'imaginer que la Divinité se trouvait plus honorée, plus satisfaite, de leur voir manger un hareng, qu'une moviette ; une soupe à l'oignon, qu'une soupe au lard : une sole, qu'une perdrix ; et que cette même divinité les damnerait éternellement si, dans certains jours, ils donnaient la préférence à la soupe au lard ?

Faibles mortels ! Vous croyez pouvoir offenser Dieu ! Pourriez-vous seulement offenser un roi, un prince, qui seraient raisonnables ? Ils mépriseraient votre fai-

blesse et votre impuissance. On vous annonce un Dieu vengeur, et on vous dit
que la vengeance est un crime. Quelle
contradiction ! On vous assure que pardonner une offense est une vertu, et on
ose vous dire que Dieu se venge d'une
offense involontaire (1) par une éternité
de supplices !

S'il y a un Dieu, dit-on, il y a un culte.
Cependant, avant la création du monde,
il faut convenir qu'il y avait un Dieu et
point de culte. D'ailleurs, depuis la création, il y a des bêtes qui ne rendent aucun culte à Dieu. S'il n'y avait point
d'hommes, il y aurait toujours un Dieu,
des créatures et point de culte. La manie
des hommes est de juger les actions de
Dieu par celles qui leur sont propres.

La Religion Chrétienne donne une
fausse idée de Dieu ; car la justice humaine, selon elle, est une émanation de

____

(1) Le péché originel.

la justice divine. Or, nous ne pourrions
suivant la justice humaine , que blâmer
les actions de Dieu envers son fils, envers
Adam , envers les Peuples à qui on n'a
jamais prêché, envers les enfans qui meu-
rent avant le baptême.

Suivant la Religion Chrétienne, il faut
tendre à la plus grande perfection. L'état
de virginité, suivant elle , est plus parfait
que celui du mariage : or , il est évident
que la perfection de la Religion tend à la
destruction du genre humain. Si les efforts
des discours des Prêtres réussissaient ,
dans soixante ou quatre-vingts ans le
genre humain serait détruit. Cette Religion peut-elle être de Dieu ?

Est-il rien de si absurde que de faire
prier Dieu pour soi par des Prêtres , par
des Moines , par d'autres personnes ? On
juge de Dieu comme on juge des rois.

Quel excès de folie de croire que Dieu
nous a fait naître pour que nous ne fas-
sions que ce qui est contre nature, que ce

qui peut nous rendre malheureux dans ce monde, en exigeant que nous nous refusions tout ce qui satisfait les sens, les appétits qu'il nous a donnés ! Que pourrait faire de plus un tyran acharné à nous persécuter depuis l'instant de notre naissance jusqu'à celui de notre mort.

Pour être parfait Chrétien, il faut être ignorant, croire aveuglément, renoncer à tous les plaisirs, aux honneurs, aux richesses, abandonner ses parens, ses amis ; garder sa virginité ; en un mot, faire tout ce qui est contraire à la Nature. Cependant, cette Nature n'opère sûrement que par la volonté de Dieu. Quelle contrariété la Religion suppose dans un Etre infiniment juste et bon !

Puisque Dieu est le Créateur et le maître de toutes choses, nous devons les employer toutes à l'usage pour lequel il les a faites, et nous en servir suivant la fin qu'il s'est proposée en les créant, autant que par la raison, par les sentimens intérieurs qu'il nous a donnés , nous pouvons connaître son dessein et son but , et les concilier avec l'intérêt de la société établie parmi les hommes , dans les pays que nous habitons.

L'homme n'est pas fait pour être oisif : il faut qu'il s'occupe à quelque chose qui ait pour but son avantage particulier concilié avec le bien général. Dieu n'a pas voulu seulement le bonheur de quelques particuliers ; il veut le bonheur de tous. Nous devons donc nous rendre mutuellement tous les services possibles , pourvu que ces services ne détruisent pas quelques branches de la société établie : c'est ce dernier point qui doit diriger nos actions. En conservant dans ce que nous faisons , notre état, nous remplissons tous nos devoirs, le reste n'est que chimère , qu'illusion , que préjugé.

Toutes les Religions , sans en excepter aucune , sont les ouvrages des hommes, il n'y en a point qui n'ait eu ses martyrs, ses prétendus miracles. Que prouvent de plus les nôtres que ceux des autres Religions?

Les Religions ont d'abord été établies par la crainte : le tonnerre, les orages, les fruits, les grains qui nourrissaient les premiers hommes répandus sur la surface de la terre, leur impuissance à parer ces événemens, les obligea à avoir recours aux prières envers ce qu'ils reconnaissaient être plus puissant qu'eux, et qu'ils croyaient disposé à les tourmenter. Par la suite, des hommes ambitieux, de vastes génies, de grands politiques, nés dans différens siècles, dans diverses régions, ont annoncé des Dieux souvent bisarres, fantasques, tyrans, ont établi ces cultes, ont entrepris de former des sociétés dont ils pussent devenir les chefs, les législateurs : ils ont reconnu que, pour maintenir ces sociétés, il était nécessaire que chacun de leurs membres sacrifiât ses passions, ses plaisirs particuliers, au bonheur des autres. De-là, la nécessité de faire envisager un équivalent de récompenses à espérer et de peines à craindre, qui déterminassent à faire ces sacrifices.

Ces politiques imaginèrent donc les religions. Toutes promettent des récompenses et annoncent des peines qui engagent une grande partie des hommes à résister au penchant naturel qu'ils ont de s'approprier le bien, la femme, la fille d'autrui : de se venger, de médire, de noircir la réputation de son prochain, afin de rendre la sienne plus saillante. L'honneur fut associé par la suite aux religions. Cet Être aussi chimérique qu'elles, aussi utile au bonheur des sociétés et à celui de chaque particulier, fut imaginé pour contenir dans les mêmes bornes, et par les mêmes principes, un certain nombre d'autres hommes.

Il y a un Dieu, créateur et moteur de tout ce qui existe, n'en doutons point : nous faisons partie de ce tout, et nous n'agissons qu'en conséquence des premiers principes du mouvement que Dieu lui a donné. Tout est combiné et nécessaire, rien n'est produit par le hasard. Trois dés poussés par un joueur, doivent infailliblement donner tel ou tel point, eu égard à l'arrangement des dés dans son cornet, à la force et au mouvement donné. Le coup de dé est le tableau de toutes les actions de notre vie. Un dé en pousse un autre auquel il imprime un mouvement nécessaire ; et de mouvemens en mouvemens, il résulte physiquement un tel point. De même l'homme, par son premier mouvement, par sa première action, est déterminé invinciblement à une seconde, à une troisième, etc.

Car, dire que l'homme veut une chose parce qu'il la veut, ce n'est rien dire, c'est supposer que le néant produit un effet. Il est évident que c'est un motif, une raison qui le détermine à vouloir cette chose et de raisons en raisons, qui sont déter-

minées les unes par les autres, la volonté
de l'homme est invinciblement nécessitée
de faire telles ou telles actions pendant
tout le cours de sa vie, dont la fin est
celle du coup de dé.

Aimons Dieu, non pas qu'il l'exige de
nous, mais parce qu'il est souverainement
bon, et ne craignons que les hommes et
leurs lois. Respectons ces lois, parce
qu'elles sont nécessaires au bien public,
dont chacun de nous fait partie.

Voilà, Madame, ajouta l'Abbé T...,
ce que mon amitié pour vous m'a arraché
sur le chapitre des Religions. C'est le fruit
de vingt années de travail, de veilles et
de méditations, pendant lesquelles j'ai
cherché de bonne foi à distinguer la vérité du mensonge.

Concluons donc, ma chère amie, que
les plaisirs que nous goûtons, vous et
moi, sont innocens, puisqu'ils ne blessent
ni Dieu, ni les hommes, par le secret et

la décence que nous mettons dans notre conduite. Sans ces deux conditions, je conviens que nous causerions du scandale et que nous serions criminels envers la société : notre exemple pourrait séduire de jeunes cœurs destinés par leurs familles, par leur naissance, à des emplois utiles au bien public, dont ils négligeraient peut-être de se charger, pour ne suivre que le torrent des plaisirs.

Mais, repliqua Madame C..., si nos plaisirs sont innocens, comme je le conçois présentement, pourquoi au contraire, ne pas instruire tout le monde de la manière d'en goûter du même genre ? Pourquoi ne pas communiquer le fruit que vous avez tiré de vos méditations métaphysiques, à nos amis, à nos concitoyens, puisque rien ne pourrait contribuer davantage à leur tranquillité et à leur bonheur ? Ne m'avez-vous pas dit cent fois qu'il n'y a pas de plus grand plaisir que celui de faire des heureux?

Je vous ai dit vrai, Madame, reprit l'Abbé T...; mais gardons-nous bien de révéler aux sots des vérités qu'ils ne sentiraient pas. Elles ne doivent être connues que par les gens qui savent penser, et dont les passions sont tellement en équilibre entr'elles, qu'ils ne sont subjugués par aucune. Cette espèce d'hommes et de femmes est très-rare: de cent mille personnes, il n'y en a pas vingt qui s'accoutument à penser; et de ces vingt, à peine en trouverez-vous quatre qui pensent en effet par elles-mêmes, ou qui ne soient pas emportées par quelque passion dominante. De-là il faut être extrêmement circonspect sur le genre des vérités que nous avons examinées aujourd'hui.

Comme peu de personnes aperçoivent la nécessité qu'il y a de s'occuper du bon-

heur de ses voisins pour s'assurer de celui
que l'on cherche soi-même , on doit donner à peu de personnes des preuves claires
de l'insuffisance des religions, qui ne laissent pas de faire agir et de retenir un
grand nombre d'hommes dans leurs devoirs, et dans l'observation des règles qui,
dans le fond , ne sont utiles qu'au bien de
la société , sous le voile de la Religion ,
par la crainte des peines et l'espérance des
récompenses éternelles qu'elle leur annonce. Ce sont cette crainte et cette espérance qui guident les faibles : le nombre en est grand. Ce sont l'honneur , les
lois humaines, l'intérêt public qui guident les gens qui pensent : le nombre en
est , en vérité , bien petit.

Dès que M. l'abbéT... eut cessé de parler, Mad. C... me remercia dans des termes qui marquaient toute sa satisfaction.
Tu es adorable , mon cher ami , lui dit-
elle , en lui sautant au cou! Que je me

trouve heureuse de connaître, d'aimer un homme qui pense aussi sainement que toi ! Sois assuré que je n'abuserai jamais de ta confiance, et que je suivrai exactement la solidité de tes principes.

Après quelques baisers qui furent encore donnés de part et d'autre, et qui m'ennuyèrent beaucoup à cause de la situation gênante où j'étais, mon pieux directeur et sa docile prosélyte, descendirent dans la salle où l'on avait coutume de s'assembler. Je gagnai promptement ma chambre où je m'enfermai. Un instant après, on vint m'appeler de la part de Madame C... Je lui fis dire que je n'avais pas dormi de toute la nuit, et que je la priais de me laisser reposer encore quelques heures. J'employai ce temps à mettre par écrit tout ce que je venais d'entendre.

Nos jours s'écoulaient dans cette campagne, en témoignages réciproques d'amitié, lorsque ma mère vint subitement un matin, m'annoncer que notre voyage

de Paris était fixé pour le lendemain.
Nous dînâmes encore, ma mère et moi,
chez l'aimable Madame C.. que je quittai
en versant un torrent de larmes. Cette
femme adorable, peut-être unique dans
son espèce, m'accabla de caresses, et me
donna les conseils les plus sages, sans y mê-
ler des petitesses accablantes et inutiles.
M. l'Abbé T... était allé dans une ville
voisine où il devait passer huit jours. Je
ne le vis point. Nous retournâmes coucher à Volnot. Tout était préparé pour
notre voyage. Nous nous mîmes le lendemain dans une chaise, qui nous voitura
jusqu'à Lyon, d'où la diligence nous conduisit à Paris.

J'ai dit que ma mère s'était déterminée
à faire ce voyage, parce qu'il lui était dû
une somme considérable par un marchand
de sa connaissance, et que du paiement
de cette somme dépendait toute notre
fortune. D'autre part, ma mère était en-

dettée, son commerce languissait. Avant
de partir de Volnot, elle avait laissé toutes ses affaires entre les mains d'un Avo-
cat son parent, qui acheva de les perdre.
Ma mère apprit que tout était saisi chez
elle, le même jour que, pour comble
d'infortune, on vint lui annocer que son
débiteur de Paris, obéré et pressé trop
vivement par une multitude de créanciers
venait de faire une banqueroute fraudu-
leuse et complette. On ne résiste pas à tant
de chagrins à la fois ; ma pauvre mère y
succomba ; une fièvre maligne l'emporta
en huit jours.

Me voilà donc au milieu de Paris, livrée
à moi-même, sans parens, sans amis,
Jolie à ce qu'on me disait, instruite à
bien des égards, mais sans connaissance
des usages du monde.

Ma mère, avant de mourir, m'avait
remis une bourse, dans laquelle je trouvai quatre cents louis d'or : étant d'ail-

leurs assez bien en linge et en habits, je me crus riche. Mon premier mouvement fut cependant de me jeter dans un monastère, et de me faire religieuse; mais les réflexions que je fis sur ce que j'avais souffert autrefois dans un pareil gîte, jointes aux conseils d'une dame, ma voisine, avec qui j'avais ébauché un commencement de connaissance, me détournèrent de ce fatal dessein.

Cette dame, qui se nommait Bois-Laurier, avait un appartement à côté de celui que j'occupais dans un hôtel garni. Elle eut la complaisance de ne me presque point quitter pendant le premier mois qui suivit la mort de ma mère, et je lui dois une reconnaissance éternelle des soins qu'elle se donna pour soulager les afflictions dont j'étais accablée. Madame Bois-Laurier était, comme vous l'avez sçu, de ces femmes que la nécessité avait contrainte, pendant sa jeunesse, et de servir au soulagement de l'incontinence du public libertin, et qui, à l'exemple de tant d'autres, jouait alors incognito le rôle d'honnête femme, à l'aide d'une rente viagère qu'elle s'était assurée de l'épargne de ses premiers travaux.

Cependant, l'affliction qui me dévorait fit place aux réflexions. L'avenir me fit peur : je m'en ouvris à mon amie : je lui confiai l'état de mes finances, et ce que j'envisageais d'affreux dans ma situation. Elle avait un esprit solide et affermi par l'expérience.

Que vous êtes peu sage, me dit-elle un matin, de vous inquiéter aussi vivement d'un avenir qui n'est pas plus certain pour les plus riches que pour plus pauvres, et qui doit vous paraître moins critique qu'à un autre ! Est-ce qu'avec du mérite, une taille, une mine comme celle que vous portez-là, une fille est jamais embarrassée pour peu qu'elle y joigne de prudence et de conduite ? Non, Mademoiselle, ne vous inquiétez point : je vous trouverai ce qu'il faut, peut-être même un bon mari; car il me paraît que votre manie est de vouloir tâter du Sacrement. Hélas ! ma pauvre enfant, vous ne connaissez guè es la juste valeur de ce que vous desirez-là! Enfin, laissez-moi faire; une femme de quarante ans, qui a l'expérience d'une de cinquante, sait ce qui convient à une fille comme vous. Je vous servirai de mère, ajouta-t-elle, et de chaperon pour paraître dans le monde ; dès aujourd'hui je vous présenterai à mon oncle B..., qui doit venir me voir, c'est un riche Financier, un honnête homme, qui vous trouvera bientôt un bon parti.

Je sautai au cou de Bois-Laurier, que je remerciai de tout mon cœur, et j'avoue de bonne foi que le ton d'assurance avec lequel elle me parlait, me persuada que ma fortune était certaine.

Tome I.   N

Qu'une fille sans expérience, avec beaucoup d'amour-propre, est sotte! Les leçons de M. l'abbé T... m'avaient bien désillé les yeux sur le rôle que nous devons jouer ici bas, eu égard à Dieu et aux lois des hommes: mais je n'avais aucune connaissance de l'usage du monde.

Tout ce que je voyais, ce qu'on me disait, me paraissait rempli de la probité que j'avais trouvée dans Madame C... et dans l'abbé T..., et je croyais le seul Dirrag un méchant homme. Pauvre innocente! que je me trompais grossièrement!

Le financier B... arriva chez Madame Bois-Laurier vers les cinq heures du soir. On employe sans doute les premiers quart d'heures de cette visite à toute autre chose qu'à s'entretenir de moi. La nièce était trop fine pour ne pas mettre l'oncle dans un état de tranquillité qui ne lui laissât rien à redouter de l'effet de mes charmes, qu'elle disait être dangereux. La besogne fut longue. Vers les sept heures, je fus présentée à M. B... à qui je fis en entrant une profonde révérence sans qu'il daignât se lever. Il me fit asseoir cependant, sur une chaise à côté d'un fauteuil dans lequel il était à demi-couché, poussant un gros ventre en avant, qui n'était couvert que de sa chemise, et il me reçut avec l'air et les manières de la plupart des gens de son état : tout m'en parut néanmoins admirable, jusqu'aux louanges qu'il donna à la fermeté de ma cuisse, sur laquelle il appuya brutalement sa main en serrant de toute sa force, au point de me faire jeter un cri.

Ma nièce m'a parlé de vous, me dit-il sans faire attention à la douleur qu'i m'avait causée : comment diable ! vou avez des yeux, des dents, une cuisse dure. Oh ! nous ferons quelque chose de vous. Dès demain, je vous fais dîner avec un de mes confrères, qui a de l'or plein cette chambre : je connais son humeur ; il sera d'abord amoureux ; ménagez-le : je vous réponds que c'est un bon vivant, dont vous serez contente. Adieu, mes chers enfans, ajouta-t-il en se levant et boutonnant sa veste ; embrassez-moi toutes deux, et regardez-moi comme votre père. Toi, ma nièce, envoie dire à ma petite maison, qu'on nous y prépare à dîner.

Aussitôt que notre Financier fut sorti, Madame Bois-Laurier me témoigna combien elle était charmée qu'il m'eût trouvée de son goût. C'est un homme sans façon, me dit-elle, un cœur excellent et un ami essentiel. Laissez-moi faire : j'ai pris pour vous une sincère amitié ; suivez seulement mes conseils, sur-tout ne faisons pas la bégueule, et je réponds de votre fortune.

Je soupai avec mon nouveau Mentor, qui sonda adroitement quelle était ma façon de penser, et la conduite que j'avais tenue jusqu'alors.

Son épanchement de cœur pour moi excita le mien. Je jasai plus que je ne voulais. On fut d'abord alarmé d'apprendre que je n'avais pas eu d'amans ; mais on se rassura dès qu'on fut persuadé, par des réponses qu'on m'arracha finement, que je connaissais la valeur des plaisirs de l'amour, et que j'en avais tiré un honnête parti. La Bois-Laurier me baisa, me caressa : elle fit tout ce qu'elle put pour m'engager à coucher avec elle. Je la remerciai, et je rentrai chez moi, l'esprit très-occupé de la bonne fortune qui m'attendait.

Les Parisiennes sont vives et caressantes. Dès le lendemain matin, mon obligeante voisine vint me proposer de me friser, de me servir de femme-de-chambre, de faire ma toilette ; mais le deuil de ma mère m'empêcha d'accepter ses offres, et je restai dans mon petit bonnet-de-nuit. La curieuse Bois-Laurier me

fit mille polissonneries, et parcourut tous
mes charmes, des yeux et de la main,
en me donnant une chemise qu'elle voulut me passer elle-même : mais, coquine !
me dit-elle par réflexion, je crois que tu
prends ta chemise sans avoir fait la toilette à ton minon : où est donc ton bidet ?

Je ne sais, en vérité, lui répondis-je,
ce que vous voulez me dire avec votre
BIDET. — Comment, dit-elle, point de
bidet ? garde-toi bien de te vanter jamais
d'avoir manqué d'un meuble aussi nécessaire à une fille du bon air, que sa propre
chemise. Pour aujourd'hui, je veux bien
te prêter le mien ; mais demain, sans
plus tarder, songe à l'emplette d'un
bidet. Celui de la Bois-Laurier fut donc
apporté, elle me campa dessus, et malgré
tout ce que je pus dire et faire, cette
femme officieuse, tout en riant comme
une folle, lava elle-même abondamment
ce qu'elle nommait mon MINON. L'eau

de lavande ne lui fut pas épargnée. Que je soupçonnais peu la fête qui lui était préparée , et le motif de cet exact LAVABO !

Vers le midi, un honnête fiacre nous conduisit à la petite maison de M. B... , où il nous attendait avec M. R..., son confrère et son ami. Celui-ci était un homme de trente-huit à quarante ans , d'une figure assez passable , richement habillé, affectant de montrer tour à tour ses tabatières, ses étuis, jouant l'homme d'importance. Il daigna néanmoins s'approcher de moi ; et me considérant attentivement face à face : elle est, parbleu, jolie ! s'écria-t-il ; d'honneur, elle est charmante , et je veux en faire ma petite femme. Oh ! Monsieur, vous me faites bien de l'honneur, repliquai-je , et si... Non, non, reprit-il, ne vous embarrassez de rien , j'arrangerai tout cela de façon que vous serez contente.

On annonça qu'on était servi; on se
mit à table. La Bois-Laurier, qui con-
naissait le jargon, les propos usités dans
ces sortes de repas, y fut charmante.
Elle eut beau m'agacer, j'étais totale-
ment déplacée, je ne disais mot, ou si
je parlais, c'était dans des termes qui pa-
rurent si maussades aux deux financiers,
que la première vivacité de M. R... se
perdit : il me regardait avec de grands
yeux, qui annonçaient l'idée qu'il concevait de mon esprit; on ne paraît ordinairement en avoir qu'avec les personnes qui pensent et qui agissent comme nous. Cependant quelques verres de
vin de Champagne réparèrent bientôt
dans l'imagination de R... les torts que
la stérilité de ma conversation y avait
faits. Il devint plus pressant, et moi plus
docile. Son air d'aisance m'en imposa :
ses mains larronnesses voltigeaient un
peu par-tout; et la crainte de manquer

à des égards que je croyais d'usage,
m'empêchait d'oser lui en imposer sérieusement. Je me croyais d'autant plus
autorisée à laisser aller les choses leur
train, que je voyais sur un sopha, à
l'autre bout de la salle, M. B... parcourant encore un peu plus cavalière-
ment les appas de Madame sa nièce.
Enfin, je me défendis si mal des petites
entreprises de R... qu'il ne douta pas de
réussir, s'il en tentait de plus sérieuses.
Il me proposa de passer sur le lit de repos qui faisait face au sopha. Je le veux
bien, Monsieur, lui dis-je bonnement;
je pense que nous serons mieux, et je
crains que vous ne vous fatiguiez trop
dans la situation'où vous êtes-là, à mes
genoux. (Il venait en effet de s'y mettre.)
Aussi-tôt il se lève, et me porte sur le
petit lit.

Dans ce moment, je m'aperçus que
M. B... et sa nièce sortaient de l'appar-

tement : je voulais me relever pour les
suivre; mais l'entreprenant R... me di-
sant en quatre mots qu'il m'aimait à la
folie, et qu'il voulait faire ma fortune,
avait troussé, d'une main, ma chemise
jusqu'à la ceinture, et de l'autre sortait
de sa culotte un membre roide et ner-
veux; son genou était passé entre mes
cuisses, qu'il ouvrait le plus qui lui était
possible, et il se disposait à assouvir sa
brutalité, lorsque, portant les yeux sur
le monstre dont j'étais menacée, je re-
connus qu'il avait à peu près la même
physionomie que le goupillon dont le
Père Dirrag se servait pour chasser l'esprit immonde du corps de ses pénitentes.

Je me souvins en ce moment de tout
le danger que M. l'Abbé T... m'avait
fait envisager dans la nature de l'opération dont j'étais menacée. Ma docilité
se changea sur le champ en fureur; je
saisis le redoutable R... à la cravatte, et

les bras tendus, je le tins dans une posture qui le mit hors d'état de prendre celle qu'il s'était proposée. Tandis que toute mon attention était fixée, de peur de surprise, sur la tête de l'ennemi dont je craignais l'enfilure, j'appelais de toutes mes forces à mon secours Madame Bois-Laurier qui, de moitié ou non dans les projets de R..., ne put se dispenser d'accourir et de blâmer son procédé.

Furieuse de l'affront que je venais de recevoir de la part de R..., j'étais au moment de lui arracher les yeux; je lui reprochais sa témérité dans les termes les plus vifs; M. B... avait joint la Bois-Laurier; tous deux ensemble ne retenaient qu'avec peine les efforts que je faisais pour leur échapper et tomber sur R..., lorsque celui-ci, après avoir remis tranquillement le meuble critique dans son gîte, rompit tout-à-coup le silence par un éclat de rire désordonné.

Parbleu, la petite Provinciale, dit-il
en affectant le mauvais plaisant, conve-
nez que je vous ai fait grande peur :
vous avez donc cru sérieusement que je
voulais?... Oh ! la singulière chose qu'une
fille de province, qui n'a pas le soupçon
des usages du monde ! Imagine-toi, mon
cher B..., continua-t-il, que j'ai couché
Mademoiselle sur le lit, j'ai levé ses
jupes, je lui ai montré mon..., la petite
bégueule ne s'est-elle pas imaginée qu'il
y avait quelque chose d'irrégulier dans
ce procédé? Elle a fait du lutin, vous
êtes venus, voilà toute l'histoire qui met
ce bel enfant dans les convulsions que
vous voyez ; n'y a-t-il pas-là de quoi
mourir de rire, ajouta-t-il en redou-
blant ses éclats? Mais, la Bois-Laurier,
reprit-il tout-à-coup, avec un grand
sérieux, je vous prie de ne me plus
mettre avec de pareilles sottes ; je ne suis
point fait pour être maître d'école, ni

professeur de civilité ; et vous ferez fort bien d'apprendre à vivre à Mademoiselle, avant de la présenter à la compagnie des gens comme B... et moi.

Les bras, je vous l'avoue, m'étaient tombés pendant cette singulière harangue. J'écoutais R... la bouche béante ; je le regardais avec des yeux hébétés, et je ne disais mot.

B... disparut avec R... sans que, pour ainsi dire, je m'en aperçusse ; et je restai comme une stupide entre les bras de la Bois-Laurier, qui marmottait aussi entre ses dents certains petits mots qui visaient à me faire entendre que je ne laissais pas d'avoir quelques torts. Nous montâmes dans notre fiacre, et nous retournâmes chez nous.

Je ne résistai pas long-temps à l'agitation de mes sens. En arrivant je versai un torrent de larmes. Ma chaste compagne, qui n'était pas tranquille sur les idées qui

me resteraient de mon aventure, ne me
quitta point, elle chercha à me persuader
que les hommes étaient toujours curieux
de sonder jusqu'à quel point une fille,
qu'ils ont en vue d'épouser, connaît les
plaisir de l'amour. La conclusion de ce
raisonnement fut que la prudence aurait
dû m'engager à affecter plus d'ignorance,
et qu'elle voyait avec chagrin que ma
vivacité m'avait peut-être fait manquer
ma fortune.

Je lui répondis, avec feu, que je
n'étais pas assez peu instruite pour igno-
rer ce que l'indigne R... voulait faire de
moi. J'ajoutai assez séchement que la plus
haute fortune ne me tenterait jamais à ce
prix-là. Emportée par mon imagination,
je lui contai ensuite ce que j'avais vu du
Père Dirrag et de Mademoiselle Eradice,
les leçons que j'avais reçues, à ce sujet,
de M. l'Abbé T... et de Madame C...

Enfin, de propos en propos, la rusée

Bois-Laurier sut tirer de moi toute mon histoire. Ce détail la fit changer de ton ; si je lui avais paru peu instruite des manières, des usages du monde, elle ne fut pas peu surprise de mes lumières dans la morale, la métaphysique et la religion.

La Bois-Laurier a le cœur excellent. Que je suis enchantée, me dit-elle en m'embrassant étroitement, de connaître une fille telle que toi. Tu viens de me dessiller les yeux sur des mistères qui faisaient tout le malheur de ma vie : les réflexions que je ne cessais de faire sur ma conduite passée, en troublaient le repos. Hélas ! qui est-ce qui devait plus appréhender que moi les châtimens dont on nous menace pour des crimes que tu m'as démontrés être involontaires ? Le commencement de ma vie a été un tissu d'horreurs ; mais, quoi qu'il en coûte à mon amour-propre, je te dois confidence pour confidence, leçon pour leçon.

Ecoute donc, ma chère Thérèse, le récit de mes aventures, en t'instruisant des caprices des hommes qu'il est bon que tu connaisses, pour contribuer aussi à te confirmer qu'en effet le vice et la vertu dépendent du tempérament et de l'éducation. Et tout de suite cette femme commença son Histoire.

Fin du Tome premier.